生活者の金融リテラシー
ライフプランとマネーマネジメント

吉野直行 [監修]

上村協子・藤野次雄・重川純子 [編集]

監修者

よし の なお ゆき
吉野直行　アジア開発銀行研究所所長／慶應義塾大学名誉教授

編　者

うえ むら きょう こ
上村協子　東京家政学院大学現代生活学部

ふじ の つぐ お
藤野次雄　横浜市代表監査委員／横浜市立大学名誉教授

しげ かわ じゅん こ
重川純子　埼玉大学教育学部

執筆者

い とう こう いち
伊藤宏一　千葉商科大学人間社会学部

うえ むら きょう こ
上村協子　東京家政学院大学現代生活学部

さい とう えつ こ
斎藤悦子　お茶の水女子大学基幹研究院人間科学系

しげ かわ じゅん こ
重川純子　埼玉大学教育学部

ふじ た ゆき こ
藤田由紀子　大東文化大学経済学部（非常勤）

ふじ の つぐ お
藤野次雄　横浜市代表監査委員／横浜市立大学名誉教授

みや むら けんいちろう
宮村健一郎　東洋大学経営学部

むら かみ けい こ
村上恵子　県立広島大学経営情報学部

よね やま たか う
米山高生　東京経済大学経営学部／一橋大学名誉教授

（五十音順）

はじめに

　私たちは毎日まいにち，習慣化した衣食住などの「生活行為」を繰り返している．日常生活を支えるのは，稼ぐ・使う・貯める・借りる・増やすなどのお金を介した社会との関わりである．人生のおおきなイベントや，世代と世代のつなぎ目にも，様々にお金が関わる．しかし，よりよく暮らす仕組みの一つであった金融の仕組みは複雑化し，実際には日常的に利用していても，生活からは遠い存在に感じられるようになり，金融教育は「難しい」と避けられる傾向にあった．

　その一方で，高度情報社会の中でデジタライゼーションは進み，手の中のスマートフォンで金融取引を行うことが可能となった．仮想通貨などにより「穏健なる革命」ともいえる変化が生じ，地方を活性化させるクラウドファンディングや持続可能な社会に貢献する投資の可能性も広がっている．また，今後一層キャッシュレス化が進むことで，これまでとは違う金融取引が展開されることも予想される．貨幣新時代を迎えるこれらの変化は一見難しいものにみえるが，金融を身近なものとする好機でもある．

　ひとり立ちする若い世代は，親の世代とは異なる社会環境の中で，必ずしもモデルのない人生設計において，ライフデザイン，マネーマネジメントが必須となり，金融の知識を必要とする．また，持続可能な社会づくりにむけた金融教育の重要性が世界規模で認識され，国際機関などで連携をしつつ，各国でも試行錯誤がされている．

　本書は，10名の生活経済学の研究者が大学教育での14回分の授業を想定し，執筆したものである．日本では2014年度から金融庁と金融広報中央委員会がコーディネーターをつとめ，金融業の各界の方を講師とした大学での連携講座が行われている．この講義を参考にしながら，生活経済学会の学術交流委員会での活動を基盤に，生活者の側から考える金融教育の今後の展開を期待し体系だて整理した．

　執筆陣には金融領域から生活経営領域まで幅広い専門をもった方々に集まっていただいた．それぞれの特色をいかしつつ積極的に分野をこえた議論を重ね，新

たな時代の金融リテラシーを目指した.

　本書『生活者の金融リテラシー』は，自分の将来を想像する力，自分の生活と経済社会との相互作用を想像する力をもって個人が主体的，能動的に生活行為を選択するためのパーソナルファイナンスのテキストである．家計管理・生活設計をキーとした金融リテラシーにより一人ひとりがエンパワメントすること，当事者意識をもち，日常の暮し方・生き方を見直しひいては，社会のあり方を再考することが本書のねらいである．

2019 年 10 月

編　者

刊行に寄せて

金融教育の新時代—アジアにおける金融教育の意義と可能性—

現代社会では，誰しもライフステージの各場面において，貯蓄・資産運用，住宅ローン，保険加入など，金融との関わりを持つことは避けられなくなっている．フィナンシャルテクノロジーの進展により，スマートフォンやインターネットを使って，国内ばかりでなく，海外の金融商品も購入することが出来るようになっている．また，多重債務問題は変わらず発生しており，金融資産ゼロ世帯の増加などがみられ，金融に関するトラブルも発生している．

金融資産の最近の20年間の運用をみると，アメリカでは，20年前の金融資産が2.96倍，イギリスでは2.45倍になっているのに対して，日本では，1.45倍にしか増加していない．資産運用のプロが育っていないのが現状である．高齢化に伴い，日本の成長率が低ければ，アジアなどの海外の成長国に投資を行い，より高いリターンを追求することが必要である．英語を活用して，海外のマクロ・ミクロの情報を取得し，グローバルな運用ができる人材の育成が必要となっている．以前のように，日本の成長率が高ければ，国内中心の運用でもよかったが，高齢化に直面する日本では，海外市場も含めた運用が不可欠となっている．また，海外での運用では，為替レートがどのように決まるのか，その変動リスクは，どのように計算されるのかなど，従来よりも，高度な勉強が必要となっている．

投資信託などの金融商品は，預貯金や株式と，どのような点が異なるのか．投資信託の手数料は，どのようになっているのか．手数料を差し引いた純収益率は，どのくらいになっているのか．個人向け国債は，どのような金利で，どのような商品特性を持っているのかなど，いろいろな知識を持つことにより，より高い利回りを追求していくことが望まれる．

借入の面では，自動車ローン，住宅ローンなど，長期にわたる借入で，固定金利の商品を選ぶのか，変動金利の商品を選ぶのか，また，損害保険や生命保険に加入することが必要であるのかどうかなど，消費者として，学ばなければならない項目は，たくさん存在する．

このような習慣・知識判断力（生活スキルとしての金融リテラシー）を大学で学び，しっかり持って生活することにより，リスク・リターンをはじめとする様々な金融商品の特質を理解し，計画的貯蓄と安定資産形成につながる運用を行えると考えられる．

本書は，生活経済学会学術交流委員会が日本 FP 学会などとの学術交流活動の一つとして行ってきた調査研究を核としている．金融庁で金融リテラシーを身に付けるべきものとして提示したが，それ以降，金融の現場にいる人と，学会が金融教育を推進している日本銀行・金融広報中央委員会，金融庁，消費者庁，文部科学省などの取組みとも協力しながら，「金融経済教育」が推し進められていることは喜ばしい．学生の教育へ貢献することは，重要な学会の使命であると考える．本書をもとに，さらに日本の金融リテラシーが向上することを期待している．

2019 年 10 月

吉 野 直 行

目　　次

◆◆◆**第1部　総　　論**◆◆◆

第1章　生活から金融を考える……………………………………〔上村協子〕…1
　1.1　金融リテラシーによるエンパワメント………………………………………1
　1.2　金融を学ぶための多面的なアプローチ………………………………………3
　1.3　生活者をエンパワメントする金融リテラシー………………………………8

第2章　お金と経済……………………………………………………〔藤野次雄〕…11
　2.1　貨　　幣……………………………………………………………………………11
　2.2　金融取引の仕組みと特徴………………………………………………………13
　2.3　金融機関と生活者………………………………………………………………17
　2.4　大学生の金融リテラシー——教育アンケート調査による国際比較——………22

◆◆◆**第2部　家計管理・生活設計**◆◆◆

第3章　人生とお金……………………………………………………〔重川純子〕…25
　3.1　生涯に必要なお金………………………………………………………………25
　3.2　経済状況の浮沈…………………………………………………………………26
　3.3　生活資源のなかのお金の相対化………………………………………………30
　3.4　生活の保障—自助・共助／互助・公助—……………………………………32

第4章　稼ぐ・使う……………………………………………………〔重川純子〕…35
　4.1　収入を得る………………………………………………………………………35
　4.2　税金・社会保険料を支払う……………………………………………………39
　4.3　自由裁量で支出する……………………………………………………………40
　4.4　家計を管理する…………………………………………………………………43

第5章　生活を設計する①……………………〔藤田由紀子〕…47

5.1　生活の設計の重要性が増す時代……………………………47

5.2　生活設計の枠組み……………………………………………49

5.3　生活設計の意味とトレーニングスキル……………………58

5.4　主体の形成と生活設計………………………………………59

第6章　生活を設計する②……………………〔斎藤悦子〕…62

6.1　生活設計と金融ケイパビリティ……………………………62

6.2　生活資源としてのお金―人生の三大資金―………………63

6.3　生活を設計してみよう………………………………………70

6.4　生活設計と金融ケイパビリティ獲得の意義………………74

第7章　貯める・遺す……………………………〔上村協子〕…77

7.1　家計のストック化―貯蓄から金融へ―……………………77

7.2　資産格差と社会的想像力……………………………………79

7.3　相続・遺産動機と家族の将来生活想像力…………………84

◆◆◆第3部　金融と生活◆◆◆

第8章　お金を借りる………………………〔宮村健一郎〕…89

8.1　お金を借りるところのいろいろ……………………………89

8.2　住宅ローン……………………………………………………93

8.3　変動金利と固定金利…………………………………………95

8.4　長期固定金利住宅ローンの代表「フラット35」…………96

8.5　お金はどのようなときに借りてもよいのか………………98

第9章　生活者のリスクについて考える①…………〔米山高生〕…103

9.1　生活者をとりまくリスク……………………………………103

9.2　生死に関するリスク…………………………………………104

9.3　社会保険と生命保険…………………………………………109

第10章　生活者のリスクについて考える②……………〔米山高生〕… 114

10.1　保険事業と保険契約に関する基礎知識…………………………… 114

10.2　損害に関するリスク…………………………………………………… 117

10.3　損害賠償に関するリスク……………………………………………… 122

10.4　保険の仕組み…………………………………………………………… 123

第11章　お金をふやす①………………………………〔村上恵子〕… 127

11.1　投　資　と　は…………………………………………………………… 127

11.2　投資の意義……………………………………………………………… 128

11.3　なぜ投資について学ぶのか…………………………………………… 133

第12章　お金をふやす②………………………………〔村上恵子〕… 137

12.1　家計が選択可能な金融資産…………………………………………… 137

12.2　金融資産の選択基準…………………………………………………… 142

12.3　アセットアロケーションと金融資産のリスクの管理……………… 147

◆◆◆第4部　社会とつながる◆◆◆

第13章　お金について相談する………………………〔伊藤宏一〕… 150

13.1　金融ケイパビリティと相談の意義…………………………………… 150

13.2　どこにアクセスし誰に相談するか…………………………………… 156

13.3　シニア世代とシーシャル・グッドなプロジェクトの相談問題……… 160

第14章　持続可能な社会を創る………………………〔上村協子〕… 166

14.1　生活困難者のエンパワメント………………………………………… 166

14.2　生活創造時代のエンパワメント……………………………………… 170

14.3　持続可能なリカレント（循環）型社会を目指して………………… 172

さらなる学習のために……………………………………〔吉野直行〕… 175

索　　　引…………………………………………………………………… 179

第1部 総 論

第1章 生活から金融を考える

　生活者の金融リテラシーとは，「生活者による」「生活者のための」「生活者についての」金融リテラシーである．自分が主役の人生を生きるために家計管理と生活設計を柱とする生活者の金融リテラシーにより持続可能な生活と社会を実現する多様なアプローチを学び，エンパワメントプロセスを考える．

1.1 金融リテラシーによるエンパワメント

　人生 100 年といわれる時代に，個人が自分で価値あると選んだ人生を生ききるるには，金融に関する知識と判断する能力（金融リテラシー）のエンパワメントが必要とされる．

　生活とは個人が衣食住など多様な欲求を満たす過程であり，エンパワメント（empowerment）とは「力をつける」ことを意味する．セルフエンパワメントとは，「自分の生活が人格的，政治的，経済的，社会的な諸力にもてあそばれることを防ぎ，自分の生活に有意義な影響を与えることのできる能力を獲得すること」（宮本，2015，p.18）とされる．金融リテラシーとはお金にもてあそばれることなく生きる能力ともいえよう．

　本書は生活経済学を基盤に，まずは若者の金融リテラシーを「社会人として経済的に質の良い暮らし（well-being）を送るために，家計管理，生活設計の習慣化と金融商品を適切に利用選択する知識や判断力を持って生活し，持続可能な社会を創る力」と定義し，生活者の金融リテラシーとしてのパーソナルファイナンス能力を高め，生活主体（個人・家計）をエンパワメントすることを目的とする．

　金融リテラシーは学校教育だけでその成果が示されるものではない．生涯学習として，学び続けてこそ意義があり，人生の何処かの場面でそれが活かされる．ユネスコが 1996 年に刊行した『学習：秘められた宝』には以下の 4 つの学習が

書かれており，金融リテラシーにも参考になる．

① 「learning to know」―知ることを学ぶ．

② 「learning to do」―何をするか，なすことを学ぶ．

③ 「learning to live together」―共に生きることを学ぶ．

④ 「learning to be」―どうあるべきかを学ぶ．

さらにグローバル化，持続可能な社会に向けた議論では，金融リテラシーは自分自身，そして社会を変革させるためのリテラシーと考えられる．すべての人が社会のなかで選択課題をみつけ，生涯自分らしく経済生活を営む選択肢を探すために，金融を通じて生活と社会の関係を科学的に認識することが求められる．さらに持続可能な社会の創造には⑤「learning to transform oneself and society」―自分自身とそして社会を変革させるための学習が加わり5つになったとの意見もある．若い頃の金融教育はその後の生涯学習の起点であると考える．

第四次産業革命と呼ばれる社会変化のなか，現代は新しい金融が動く時代である．生活面でもモノ・コトがデジタル情報化するデジタライゼーションや金融（ファイナンス）とIT技術（テクノロジー）が結びついたフィンテックなどの技術革新が急速に進み，地球規模でお金の流れ，金融の担い手の形が大きく変わる可能性がある．手の中のスマートフォンで指1つで金融取引が行える時代には，原点に返った，目先ではなく変化の本質をとらえた学びが必要である．特に日本では，改正民法が成立し，2022年には成人年齢が18歳に引き下げられる．若者のデジタル能力は高く，スマートフォンなどのモバイル機器を活用し，スピーディーに消費の決済，投資，借入を行うことができる．一方，キャッシュレス化でお金の流れはみえにくくなっている．何が必要（ニーズ）で何が重要（優先順位が高い）かを考える意思決定プロセスを欠落したまま金融行動を行う危険性は高まっている．当事者として将来生活を想像する力と，社会への影響を想像する力をもって考え広い視野から判断する若者の金融リテラシーが求められている．

本書では大学での講義を想定し，生活設計を生涯設計やライフデザインも含む概念と広くとらえ，次のような流れで金融リテラシーによるエンパワメントを目指す．まず第1部では，自分の生き方・人生設計（第1章）をスタートにして，経済・金融・社会保障の仕組みを知る（第2章）．

次に第2部では，生涯設計をもとに人生の大きな必要資金の見通しを立て（第3章），職業・キャリア計画と重ねつつ，お金を稼ぐ，お金を使うという家計管

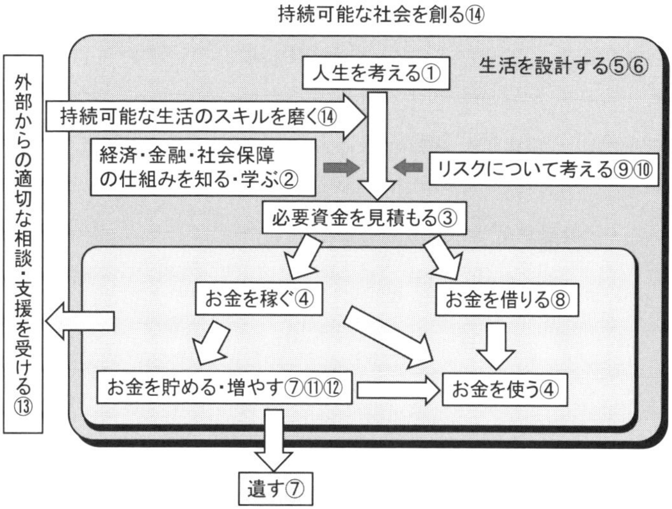

1.2 金融を学ぶための多面的なアプローチ　　　　3

持続可能な社会を創る⑭

生活を設計する⑤⑥

人生を考える①

持続可能な生活のスキルを磨く⑭

経済・金融・社会保障
の仕組みを知る・学ぶ②　　　リスクについて考える⑨⑩

必要資金を見積もる③

お金を稼ぐ④　　　　お金を借りる⑧

お金を貯める・増やす⑦⑪⑫　　　　お金を使う④

外部からの適切な相談・支援を受ける⑬

遺す⑦

図 1.1　金融リテラシーによるエンパワメントプロセス

理の知識と技を持ってライフプランニング（第 4 章）をする．その後，お金以外
の資源も含めた総合的生活設計（第 5 章）を再度見直し，生涯のキャッシュフロ
ーをもとに家計管理中心に計画を立て（第 6 章），個人と家族（夫婦・親子）関
係の変化もとらえながら，次世代にいかに遺すか遺さないか（第 7 章）も視野に
入れてライフデザインをする．

　第 3 部では，パーソナルファイナンスの領域から経済社会に目を向ける．具体
的な金融の仕組みを理解しつつお金を借りる（第 8 章），リスクに備えることを
考える（第 9 章，第 10 章），お金を増やす（第 11 章，第 12 章）などマネーマネ
ジメントを学ぶ．

　さらに第 4 部では，持続可能な生活と社会を視野に外部からの適切な相談・支
援を受け（第 13 章），持続可能な社会を創造（第 14 章）する．本書はおおむね
図 1.1 のようなエンパワメントプロセスで構成されている（図中の数字は章番号
と対応している）．

1.2　金融を学ぶための多面的なアプローチ

　21 世紀に入り，世界各国で金融教育が注目され展開されている．金融教育の

方法や内容は，国や地域あるいは家庭により異なるが，日本では家計管理・生活設計をキーワードとして金融リテラシー教育が推進されている点が特徴である．本書は多様なバックグランドを持つ研究者が関わって生活者の金融リテラシーを提示しているが，その背景・基盤となる動向や社会状況を説明しておきたい．

1.2.1　世界の金融危機と 21 世紀の金融教育

なぜ金融教育が注目されたのか．直接の契機となった 21 世紀はじめの世界規模の金融危機から取り上げる．

2008 年にリーマンショックと呼ばれる世界規模の金融危機が発生した．バブル経済とは，株価・地価などの資産価格が，投機目的で，経済の合理的な評価の基礎となる条件（ファンダメンタルズ）を大幅に上回り，経済が実体以上に泡（バブル）のように膨張した状態を指す．リーマンショックはアメリカの低所得者向けに発売された住宅ローン（サブプライムローン）発行により住宅バブルが起こり，ローン債権を担保とした証券が販売され，バブル崩壊により大量に売り出されたことが直接の始まりである．証券化された住宅ローンを抱えたアメリカ大手投資銀行リーマン・ブラザーズが破綻し，それを契機に株価が大暴落し，世界規模の金融不安が起こった．グローバリゼーション時代のモノ・カネ・ヒトおよび情報が国際的に動く，不安定で不確実性の高い金融の側面が示された金融危機であった．

金融知識を持たない層に高額な住宅ローンを販売したことを発端に経済が危機的状況に陥ったことから，消費者が適正な金融行動をとるための金融教育が不可欠の政策と認識され OECD が一連の施策を行った．2012 年に OECD/INFE（金融教育のための国際ネットワーク）は「金融教育のための国家戦略に関するハイレベル原則」を発表した．G20 ロスカボス・サミットではこの原則が承認され金融リテラシーの必要性が合意された．APEC 財務大臣会合（2012 年 8 月 30 日）においては「金融リテラシーは 21 世紀に生きる全ての者にとって肝要なスキルであるとともに，経済・金融の安定，インクルーシブな発展，そして，個人や家族の福祉を効果的に下支えする，あらゆるエコノミーの取り組みの重要な構成要素である」と示された．地球規模で世界各国が連携をして国家政策としての金融教育が，推進されることとなった．

1.2.2 日本の金融教育

　日本の金融教育は消費者教育との関係が強く，特に学校教育としては，家計管理・生活設計に関する内容が小・中・高等学校の家庭科に，マクロな金融の制度や知識が社会科に位置づけられてきた．従来は，個人の家計管理・生活設計は社会科の金融・経済社会の動向とは別のものとされ，一体化した金融リテラシーとは認識されにくい傾向にあった．

　日本経済でも 1980 年代の後半，バブル経済といわれた時期がある．株価も土地の価格も実態を伴っておらず，投機的な活動が泡のような価格を膨らませ，バブル崩壊後の経済社会に深刻な影響を与えた．

　他方，規制改革の流れのなかで金融についても行政からの規制が緩和され，自由（フリー），公平（フェア），国際化（グローバル）を目指した金融自由化（日本版ビックバン）が 1996 年に本格的に始まった．

　2000 年 6 月金融審議会答申「21 世紀を支える金融の新しい枠組みについて」のなかで「金融分野における消費者教育の推進について」の推進役として，日本銀行に事務局のある貯蓄広報中央委員会に期待がよせられた．2001 年に貯蓄広報中央委員会は，金融広報中央委員会と名称を変更し，金融教育を担うこととなった．2005 年を金融教育元年と位置づけた．金融教育プログラムでは，金融教育で実現する能力は①「生きる力」「自立する力」，②「社会とかかわり，公正で持続可能な社会の形成を意識し行動する力」，③「合理的で公正な意思決定をする力」「自己責任意識」，④「お金と向き合い，管理する力」の 4 点が示されている．

　消費者教育と金融教育を融合させた家計管理・生活設計を軸とする家計簿アプリを活用した金融消費者教育と金融リテラシーが登場した背景には日本の家計簿文化がある．

1.2.3 合理的利己的な経済人（ホモエコノミカ）の限界

　伝統的な経済学では，アダム・スミスの『国富論（諸国民の富）』（1776 年刊）以来，私欲に基づいて経済合理性を追求する人間像「経済人（ホモエコノミカ）」を想定し経済学の理論を構築してきた．この経済人（ホモエコノミカ）は①完全合理性，②完全利己性，③物質的・金銭的利益の重視，④効用最大化行動，⑤対等な自由人という 5 つの特徴を持っている．

パーフェクトに貨幣で物事をとらえ，消費者は効用の最大化を目指し，生産者は利潤の最大化を図り，完全合理性の経済人をモデルとした．効率一辺倒で，豊かさはGDP（国内総生産）として測れ，所得を増やし経済成長をする方法論が考えられてきた．人間が生身の生活者としてとらえられていなかった．

20世紀が終わりに近づいた1990年頃から，当然視されてきた効率一辺倒の完全合理性の経済学に批判的な経済学が台頭してきた．公正や正義の問題とする「ラディカル・エコノミックス」や「ソシオエコノミックス」，「経済人類学」，内部組織の経済学，自然と人間の調和を図る「エントロピー」の経済学などである．また，伝統的経済学のモデルでは，自然や環境は不変の「与件」と考えられてきたが，持続可能な社会を創造するには，自然や環境は所与の与件ではないとの指摘がなされた．

本書における生活資源のなかでのお金の相対化（3.3節）や，家計管理の目的や，生活を設計する（第5章）での生活資源の考え方で非貨幣的資源について取り上げる根拠である．

1.2.4　行動経済学―心理学からの示唆―

従来の経済学の枠を越えた多くの学びが融合した金融教育が動き出している．行動経済学は，人間の心理や行動を観察し，その特徴を明らかにして経済学を再構築する学問である．「時間選好」「リスク選好」「社会的選好」などで行動経済学が切り拓いた成果は，金融リテラシーを考えるうえで示唆するところは多い．

たとえば時間選好は，待つことの感じ方ともいわれる．宿題を「今」やるか，「あとで」やるか．お金を「今」使ってしまうか，貯金して「あとで」活用するか．経済学における「異時点間選択」では，時間割引率の高さや消費と貯蓄の問題として頻出する．1年後に貰える1万円は，今すぐ貰える8000円と同じくらいの魅力であるといった，異時点間選択の例である．

リチャード・セイラーによって発展したお金に関する経済心理には「メンタルアカウンティング」や「心の会計簿」がある．たとえば，お金を支出するにあたって，そのお金がどのように稼がれたかを考えることは合理的には意味がない．苦労して稼いでも宝くじであたっても10万円は10万円の価値である．ところが人はしばしば異なる使途や異なる源泉のお金に，"異なる"ラベルをつけてカテゴリ化する．思いがけない収入の場合には，通常の労働所得から得られた収入の

場合に比べて，そのお金を使うことのネガティブな感情という心理的損失が低いという仮説が経済実験で確証を得られた．これは従来の経済理論で展開される合理的意思ルールと矛盾する．経済合理性からいうと考慮すべきでないところを，現実の人間は割り切った評価ができない，もしくは，しないのである．

1.2.5 家族と家計管理

家庭生活では図 1.2 に示すように，誰がどのように働いて所得を得るか，家計管理をするか，貨幣を管理するか，合理的ではない感情の関わる個人管理貨幣と家計管理貨幣が動いている．

1.2.6 ケイパビリティアプローチ

経済の仕組みの基盤は合理性であるが，生活者の金融リテラシー，生活者の経済学とは，合理性のみでなく非合理も含め日常の生活者視点で生活をとらえ，経済学を再編しようとする経済学への導入になるといえる．well-being の概念に多くの示唆を与えたのは，人間のケイパビリティ（capability）の理論で知られるアマルティア・センである．

経済学と哲学の橋渡しをしてノーベル経済学賞を受賞したセンは，ケイパビリティを「人が善い生活や善い人生を生きるために，どのような状態（being）に

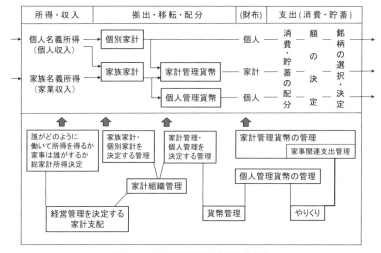

図 1.2 個人管理貨幣と家計管理貨幣

ありたいのか，どのような行動（doing）をとりたいのかを結び付けることから生じる機能の集合」とした．個人の主体的な行為，行為者（エージェント）に注目し，潜在的に持つ能力を引き出して，経済学と人間開発との関連を示した．本書においても，アマルティア・センの，人の潜在能力ともいえるケイパビリティに注目する．そのモノを用いて何を達成できるかを考える「ケイパビリティ・アプローチ」は合理的な経済人に対して批判的であり，合理的な愚か者という表現がされている．

1.3 生活者をエンパワメントする金融リテラシー

日本でも，世界の金融危機であるリーマンショック後，先述した「金融教育のための国家戦略に関するハイレベル原則」へ対応して「金融経済教育研究会」（事務局：金融庁）が置かれ，2013年4月に「最低限身に付けるべき金融リテラシー」を提示した．翌年，金融広報中央委員会と金融庁が「金融経済教育推進会議」（事務局：金融広報中央委員会）を設置し，国民が最低限知っておくべき金融リテラシーの具体化・体系化を検討するとともに，教育・普及活動の充実を図るための体制を整備した．

図1.3は「最低限身に付けるべき金融リテラシー」で示された下記の4領域を表したものである．

・家計管理
・生活設計
・金融知識および金融経済事情の理解と適切な金融商品の利用選択

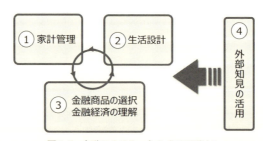

図1.3 金融リテラシーとライフデザイン
金融経済教育推進会議コアコンテンツ準拠資料 「金融リテラシーとライフデザイン」
から金融庁金融研究センター「金融経済教育研究会報告書」を参考に作成．

1.3 生活者をエンパワメントする金融リテラシー

・外部の知見の適切な活用

さらに金融経済教育推進会議では，上記の内容を，小学生，中学生，高校生から大学生，社会人にいたるまで，年齢層別に，体系的かつ具体的に示した「金融リテラシー・マップ」を作成し，どのような金融教育が必要なのかをマップの形にまとめ 2014 年に公表した（2015 年 6 月改訂）．

このなかで，大学生のステージは社会人としての自立するための能力を確立する時期とされ，金融経済に関する理解を深めること，価値観を形成し自ら行動すること，社会的責任について自覚することが求められていると示された．金融知識および金融経済事情の理解と適切な金融知識の利用選択として表 1.1 が示されている．

家計管理領域では，「収入・支出，残高などを適宜記録している」「大学進学にかかる費用は，自己の能力向上のための投資であることを理解している」「奨学

表 1.1　大学生のステージにおける金融知識および金融経済事情の理解と適切な金融知識の利用選択

A. 金融取引の基本としての素養	①収集した情報を比較検討し，適切な消費行動をすることができる． ②金融商品を含む様々な販売・勧誘行為に適用される法令や制度を理解し，慎重な契約締結など，適切な対応を行うことができる． ③詐欺など悪質な者に狙われないよう慎重な契約を心がけることができる．
B. 金融分野共通	④金融商品の 3 つの特性（流動性・安全性・収益性）を理解する． ⑤お金の価値と時間との関係について理解する（複利，割引現在価値など）． ⑥景気の動向，金利の動き，インフレ・デフレ，為替の動きが，金融商品の価格，実質価値，金利等に及ぼす影響について理解している．
C. 保険商品	⑦自分自身が備えるべきリスクの種類や内容を理解し，それに応じた対応（リスク削減，保険加入等）を行うことができる． ⑧備えるべきリスクと必要な金額をカバーするために適切な保険商品を検討，選択し，家族構成や収入等の変化に応じた見直しを行うことができる． ⑨自動車事故を起こした場合，自賠責保険では賄えないことがあることを理解している．
D. ローン・クレジット	⑩奨学金を借りている場合，自力で返済する意思をもち，返済計画を立てることができる． ⑪ローンやクレジットは資金を費消してしまいやすいことに留意する． ⑫ローンやクレジットの返済を適切に履行しない場合には，信用情報機関に記録が残り，他の金融機関等からも借入等が難しくなることを理解する．
E. 資産形成商品	⑬様々な金融商品のリスクとリターンを理解し，自己責任の下で運用することができる． ⑭分散投資によりリスク軽減が図れることを理解している． ⑮長期運用には「時間分散」の効果があることを理解している．

金融経済教育推進会議（2016）作成「金融リテラシー・マップ「最低限身に付けるべき金融リテラシー」の項目別・年齢層別スタンダード（2015 年 6 月改訂版）」より抜粋．

金を借りている場合，それが借金であることを理解している」ことなどが習得すべきスタンダードとされる．また生活設計領域では，「働き方や付加価値の付け方によって生涯所得などに大きな差異が生じることを理解し，希望する職業などを展望した能力向上に向け，積極的に努力している」「ライフイベント表およびキャッシュフロー表を作成してみる（今後 10 年程度）ことを通じて，その間の生活の収支のイメージをもっている」ことなどがあげられている．

　生活者の金融リテラシーとは，生活者による生活者のための生活者についてのリテラシーである．目指すものは，①生命の維持，生活の質を重視する生活者の視点から，②家計管理や生活設計など個々人の日常的行為と，それを成り立たせる金融経済や経済社会の諸条件との相互作用について，③経済学を基盤に分野横断（トランスサイエンス）して総合的に学ぶことで，④知識のみならず，行動態度を変革し，⑤生涯にわたる個人の生活の質の向上と持続可能な社会の創造に貢献する生活者のエンパワメントである．　　　　　　　　　　　　〔上村協子〕

文　献

天野正子（2012）『現代「生活者」論―つながる力を育てる社会へ―』，有志舎．

伊藤宏一（2012）「金融ケイパビリティの地平―「金融知識」から「消費者市民としての金融行動」へ―」，『ファイナンシャルプランニング研究』，No.12，pp.39-48．

上村協子（2010）「地域通貨によるコミュニティデザイン」，日本家政学会生活経営学部会編『暮らしをつくりかえる生活経営力』，pp.102-110，朝倉書店．

グラットン，リンダ／スコット，アンドリュー著，池村千秋訳（2016）『LIFE SHIFT（ライフ・シフト）』，東洋経済新報社．

重川純子（2016）『新訂　生活経済学』，放送大学教育振興会．

御船美智子・上村協子編著（2001）『現代社会の生活経営』，光生館．

宮本みち子（2015）「生活ガバナンスとは何か」，宮本みち子・奈良由美子『生活ガバナンス研究』，放送大学教育振興会．

第2章 お金と経済

　金融とは，人々の間でお金を融通する流れであり，現在時点でお金を借りて将来時点で返すというように取引時点が異なる異時点間の取引であることから，現在貨幣と将来貨幣の交換ともいわれている．このような金融の基本的概念をおさえるため，本章では経済学を基礎に「お金と経済」について考える．

2.1 貨　　　　幣

2.1.1 貨幣の3つの機能

　はじめに金融取引の根幹となるお金，経済学では貨幣（money）について取り上げよう．貨幣の形態は時代とともに変わるが，現時点では3つの機能を不可分に備えたものをいう．つまり，「価値の尺度（計算単位）」「一般的支払交換の手段」「価値貯蔵の手段」という機能である．

　第1の「価値の尺度」機能とは，交換される商品の価値を貨幣の数量・単位（1000円，100ドルなど）で表示する機能をいう．もし貨幣が存在しないと，商品が N 種類存在する市場で取引を行う場合には，すべての商品の交換比率＝相対価格の数（$N(N-1)/2$）だけの情報量を必要とする．しかし，貨幣が存在することにより，すべての商品は貨幣価格を1とした場合（計算単位）の貨幣との相対価格，商品の数（N）だけの絶対価格のみ知れば取引ができ，情報コストは大幅に削減される．この基準となる財のことを価値尺度財（ニュメレール）という．

　第2の「一般的支払交換の手段」機能とは，貨幣があれば，いかなる商品も貨幣を媒介に交換が可能で，最終的な支払決済の手段として取引が完了することを意味する．物々交換経済の場合，商品1を保有する個人 A が，希望する他の商品2と直接交換できるには，希望の商品2を所有している取引相手 B がいて，その希望の商品が商品1である者と出会う「欲望の二重の一致」が必要となる．

12   第2章 お金と経済

このような取引相手をみつけることは現実には容易ではない．貨幣が存在することにより，売買希望者はいったん貨幣に交換して保有していればよく，取引相手を探すという情報コストを節約できる．

第3の「価値貯蔵の手段」機能とは，商品の物々交換では即時的にその場で取引が完了するが，貨幣を媒介とする商品の交換では，取引が即時に完了する必要はなく，将来の交換のために取引価値を貯蔵し，備えることができることになる．

以上の貨幣の3つの基本的機能は相互に密接に関連し，1つの機能が不完全になるとほかの機能も完全ではなくなる．とりわけ貨幣価値自体が商品の価値の平均的水準，物価の変動にさらされ（インフレ時には商品価値が上昇するので逆に貨幣価値は低下し，デフレ時には商品価値は低下するので貨幣価値は上昇する），急激な物価変動があると，価値貯蔵の手段として機能しなくなり，誰も貨幣を保有しなくなる．結果として，貨幣は一般的支払決済手段として機能しなくなる危惧がある（物価変動リスク）．そのため，日本銀行は物価を重要な政策目標としている．

2.1.2　貨幣経済から金融経済へ—便益と機能—

金融とは，お金の余っているところからお金の足りないところへ "お金を融通する" 仕組みである．金融がどのような便益と機能をもたらすのか，整理してみよう．

もともと「自給自足経済」では，各人が必要とする商品の生産は当該個人がすべて行い，各商品の生産量は当該個人の生産力に依存し，当該個人の消費もその範囲でしかできない．次に，商品と商品を交換できる「物々交換経済」では，各人が必要とする商品をすべて生産する必要はなく，当該個人の生産は比較優位の原則に従って自分が他人より優位を持つ特定の商品の生産だけを行うことができる．この商品のうち自分が消費する以上の商品を物々交換で入手すれば，自給自足経済より生産，消費ともより多くでき，満足度も増す（完全特化の場合）．

さらに，貨幣が存在する「貨幣経済」では，自らの生産物をいったん貨幣に置き換え，必要なものを手に入れることができ，物々交換経済の欲望の二重の一致という取引費用の節約も図られることは前述した．さらに，「金融経済」では，金融を仲介する専門機関が発生し，個人は生産物を貨幣に換える．この貨幣を金

融仲介機関が発行する様々な金融資産に置き換え，必要時に貨幣と交換して，消費活動を行うことが可能となる．貨幣以外の金融資産も利用可能となり，選択の幅が一層広がり金融市場は活性化する．お金が余っている個人などの遊休資金が金融取引を通じて活用され，資源（資金）配分の効率性が高まり，経済全体の生産・所得がより増大する．また，取引者双方の満足度・効用，ひいては社会的全体の厚生をより高める効果を持つ．

2.1.3 貨幣—現金通貨，預金通貨，デジタル通貨—

今日の日本では，金融資産のうち最も基本的な資産である貨幣は，現金（通貨）だけでなく預金（通貨），デジタル通貨をも含めたものをさす．

現金には，日本銀行が発行する紙幣と財務省が発行する硬貨がある．紙幣（1万円札，5千円札，千円札）と硬貨（500円，100円，50円，10円，5円，1円）を法定貨幣といい，法律により強制的な通用力を持ち，決済手段として支払完了性を持っている．法貨として通用するためには発行主体である国家への信認が必要となり，発行量については日本銀行のコントロール下にある．また，預金通貨は，後に述べる預金取扱金融機関によって提供され，いつでも現金を引き出すことができるので，貨幣の機能を持つ．

さらに，IT化，デジタル化の進展により，いわゆる「キャッシュレス」，現金を使わないデジタル通貨が決済手段として現れた．①あらかじめプリペイドカード，電子マネーなどに一定額をチャージ（入金）しておくプリペイ（前払い），②デビットカードのように預金口座から直接引き落とすリアルタイムペイ（即時払い），③クレジットカードに代表されるポストペイ（後払い）も決済手段として利用され，これらも最終的には貨幣と同様の機能を持つ．

2.2　金融取引の仕組みと特徴

2.2.1　現在貨幣と将来貨幣

金融を考えるにあたり，現在貨幣と将来貨幣という時間概念，また債権・債務という貸借概念が重要である．

まずは実物取引と金融取引の違いを理解しよう．実物取引，すなわち財やサービスなどの商品の取引は，当該商品が貨幣などの支払・決済手段と交換されるこ

とで，原則として即時に現在時点で取引が完了する．これに対し，金融取引は，現在から将来にわたる異時点間の取引であるという点で，一般の商品取引とは異なる．

また，金融取引では債務と債権という貸借関係がキーワードとなる．資金の借手は，将来における貨幣の支払の約束である金融負債（債務）を発行し貨幣と交換する．他方，資金の貸手はそれを金融資産（債権）として受け取る一方で，借手に対して現在時点で貨幣を手放すことによって取引が成立する．このため金融取引は将来時点で返済があって初めて取引が完了することになる．将来の決済時点までの取引相手，経済・金融情勢についての情報が必要になる．

2.2.2 金融取引とリスク

金融取引においては，貸手は取引相手が所得，資産などの返済能力，返済意思があるかどうかの情報が不可欠であり，貸手と借手の間でのこの点に関する情報格差の解消，情報の非対称性を解消すべく，貸手には情報の収集・分析という情報生産活動が必要となる．貸手が取引相手に関する情報を十分に獲得することは，質の悪い相手を選択してしまうという事態（逆選択）を防ぐためでもある．さらに，貸手は取引を行ってもよいかどうかの審査・判断を下し，取引を実行した後も，取引相手が返済努力を怠っていないかどうか（モラル・ハザードの排除）について，監視（モニター）する必要がある．

このように金融取引には，将来の経済・金融情勢および取引相手ないし取引金融資産についてのリスクが存在する．いわゆる，流動性リスク，信用（貸倒）リスクである．流動性リスクとは，将来時点までの間に貸手自身が貨幣での支払いの必要性に陥る危険性である，信用リスクとは，取引相手による支払い約束が履行されない危険性である．この金融取引に伴う危険負担・リスクに対する対価の支払いが，利子（金利）$R＝$利息である．また，元本 Q に対する利子の割合を利子率 $r＝R/Q$ という．

期間の観点からは，長期の債務は短期の債務に比較して一般的には流動性リスクが高いので，利子率は高い．期間が複数期におよぶ場合には，元本にのみ利息を毎期支払う場合は単利，利息にも利息を支払う場合には複利という．また，複数期間全体で同一の金利を適用する場合を固定金利，毎期ごとに金利を設定する場合を変動金利という．

さらに，信用度の観点からは，債務返済が疑われる信用度の低い取引相手は信用度の高い取引相手に比較して信用リスクが高いので利子率は高い．

2.2.3 金融方式と金融機関

金融経済が存在すると，家計や企業，政府といったどの経済主体においても，時期によって資金が余剰になったり，不足したりするとしても，図2.1に示すように資金の貸借によって過不足の調整が可能となる．資金が不足した最終的借手が発行する金融負債を本源的証券という．これには，企業などが発行する株式，債券（社債），政府が発行する債券（国の国債，地方公共団体の地方債），企業・個人が発行する借入証書による借入金がある．この本源的証券を最終的貸手が取得する場合に，直接金融（図の上段）と間接金融（図の下段）という2つのルートが存在する．

最終的借手と最終的貸手をつなぐ活動全体を金融仲介活動といい，金融仲介活動を担う経済主体を金融仲介機関という．図2.1の上半分に描かれている最終的借手と最終的貸手を直接的につなぐ金融方式を直接金融といい，この金融仲介活動を担っている代表例が証券会社である．証券会社は本源的証券に関する情報提供やアドバイスを行う機能を果たしている．また，本源的証券のうち，一定の要件を備えた債券や株式などを有価証券と呼び，それらが取引される市場を証券市

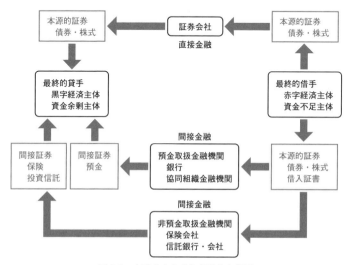

図2.1 金融仲介方式と金融仲介機関

場といい，発行者が1次取得者向けに新規に発行する市場を発行市場，1次取得者から2次，3次取得者へと流通する市場を流通市場という．流通市場では資金需給に応じて価格が変動し，新たに市場（価格変動）リスクが発生することになる．確定的利子収入 R（インカムゲイン）に加えて，価格変動による差益・差損 C（キャピタルゲイン・ロス）が発生し，両者を加えたものを収益 $E=R+C$，元本価格 Q で割ったものを収益率 $e=E/Q$，価格変動の大きさ，収益率の標準偏差を危険度（リスク）σ という．

また，図の下半分に描かれているように，金融仲介機関のうち，資金の借手と貸手の選好，期間やリスクのギャップを埋めるために，自身が間接証券を発行して，貸手から資金を集め，借手に貸付ける（本源的証券を購入する）という金融方式を間接金融という．この金融仲介活動を，本源的証券を間接証券に変換しているので資産変換活動といい，代表例が非預金取扱金融機関である保険会社，信託銀行であり，間接証券として生命保険，損害保険，投資信託を発行している．さらに，金融仲介機関のなかで銀行，協同組織金融機関などの預金取扱金融機関は，間接証券として預貯金を提供することで，支払決済機能の提供をしている．預金取扱金融機関は，預金の提供と同時に，貸出を行うことで信用創造も行っている．当初の預金を本源的預金，信用創造によって生み出される預金を派生預金という．

この預金取扱金融機関の預金は，現金通貨（currency：CU）とともに預金通貨（Deposit：D）といわれ，貨幣としての機能を果たしている．この預金には，要求払い預金（Demand Deposit：DD）（当座・普通通貨），定期性預金（Time Deposit：TD），譲渡性預金（Certified Deposit：CD）などがある．そのため，貨幣の種類として，M1（＝CU＋DD），M2（＝M1＋銀行 TD＋CD），M3（＝M1＋預金取扱金融機関 TD＋CD）などと呼ぶ．

預金取扱金融機関は預金通貨を発行することで，決済制度により相互につながっている．このため，一金融機関の破綻が金融機関間の連鎖倒産，いわゆる金融恐慌を生む可能性があり，信用秩序を維持するため，金融当局の規制が行われている．2002年にペイオフが解禁され定額補償になった結果，1000万円までの預金は元金利子払が保護されている．全額補償ではない意義は，預金者が自己責任で金融機関を選ぶことで，預金者側にも金融機関側にも自己規律が働き，モラル・ハザードを防ぐという意味がある．

本書では，貨幣を含む金融資産として，現金，預金（当座預金，普通預金と定期性預金），投資信託，保険（生命保険，損害保険），有価証券（債券，株式），借入金（ローン，クレジット）を取り上げる．貨幣はそのままで支払決済手段として利用できるが，ほかの金融資産は商品と同様にいったん貨幣に転換する必要がある．貨幣は貨幣性・換金性・完了性を持ち，ほかの金融資産はどれだけ貨幣に近い性質を持つかで分類でき，その程度を流動性といい，流動性を犠牲にする程度に応じて収益性が要求される．

流動性とは，「そのものが本来持つ価値を，損失を伴うことなく実現できる，言い換えるとどれだけ容易に貨幣に転換できるかの程度」をいう．ここで，損失とは，貨幣に転換するときの取引コストや資産価値の変動をいう．貨幣自体は，転換に伴う取引コストがゼロで，本来持つ価値を即時に実現できる．これに対し，ほかの金融資産は，資産の種類や満期，収益の安定性，金融市場の組織化，効率性の程度に依存して流動性が決まり，犠牲にする収益性も決まるので，流動性と収益性（危険性）によりどのような資産をどれほど保有するかの選択をすることになる．

2.3 金融機関と生活者

2.3.1 経済循環と金融循環—5つの経済主体と3つの市場—

これまでの金融資産，金融仲介機関の説明を踏まえると，経済を構成する現実の主要な主体としては，家計，企業，政府が存在し，これら経済主体間の資金を仲介する金融仲介機関が存在する．さらに，金融仲介機関の活動を，ひいては貨幣量，流動性全体をコントロールする主体として日本銀行，の5つの経済主体が存在する．

図2.2にみるように，家計は労働市場に労働を提供して勤労所得を，金融資産を運用して利子配当などの財産所得を得て，政府に租税・社会保険料（年金・医療）を支払い，手元に残る額が可処分所得である．この可処分所得から財サービス市場に向けて消費し，住宅投資を行い，残りを金融資産の蓄積に向ける（第3章，第4章参照）．金融機関である銀行に預金をし，資金が不足するときには住宅ローンその他の借入を行い（第8章参照），保険会社から生命保険，損害保険（第9章，第10章参照），信託銀行から投資信託を購入し，証券市場で有価証券

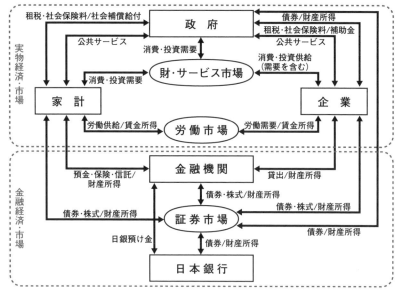

図2.2 金融循環と経済循環

（債券，株式）に運用する（第11章，第12章参照）．ライフスパンを生涯にとると，世代間の移転（遺産や贈与）をも含めて，年齢ごとの収入と支出（のギャップ）を金融資産負債で埋めながら，一生涯で両者が一致するように収入・支出ないし消費・貯蓄行動を行う（ライフサイクル仮説）（第5章，第6章，第7章参照）．

なお，我が国の家計をみると，高齢になっても貯蓄を積み増している現象がみられる．長生きするというリスクに備えてとも考えられるが，自分の家計・家族が子々孫々に渡って繁栄するように行動しているとも考えられる（王朝仮説，7.3.2項参照）．

他方，企業は銀行から借入，証券市場から有価証券（債券・株式）で資金を調達し，家計の労働を需要して，賃金・利子・配当などの費用を支払い，消費，投資財を家計，政府に供給し収益を得る．また，政府には家計と同様に，租税，社会保険料を支払い，補助金を受ける．

なお，政府は家計，企業から租税，社会保険料収入を得て，補助金，社会保障給付を行い，同時に財・サービス市場で商品を需要し治安や消防，公園や道路といった公共サービス・社会資本を家計・企業に提供している．このとき，収入が

支出よりも少ないと，国債を発行する．この国債は，民間の有価証券と同様に証券市場から調達され，流通する．

図2.2における証券市場は，図2.1の本源的証券，有価証券が最終的借手と最終的貸手の間で直接取引される市場をいう．図には明示していないが，金融市場は貸出市場や間接証券の預金などの市場を意味する狭い場合と，証券市場をも含んだ金融全般の市場を指すより広い場合がある．

図2.2において，景気の状況を示す国民所得の大きさは，家計，企業，政府の消費，投資需要の大きさによって決まる．景気がよいと企業の売上，収益が高まり，賃金，財産所得も高まるので，経済全体の需要も高まり，景気もよくなり，物価も上昇する．

このときマクロ経済の平均的金利水準は，貨幣の需給で決まる．所得・生産が増えると貨幣需要は高まる一方，日本銀行が供給量を増やさないと，需給を調整するため利子率が高まる．これは，貨幣以外の金融資産の魅力を高め，利子の付かない貨幣需要を抑制するためである．

2.3.2 金融仲介機関の存在意義

さて，私たちのまわりには様々な金融機関が存在する．金融取引を実行するためには，経済予測，取引相手に関する情報の収集・分析，審査・モニターを行う必要があり，専門的知識とともに，多大の費用を要する．その結果，各人が個別に費用をかけるよりも，金融取引を仲介する専門業者が行った方が，必要な単位あたり費用が低くなる．このような意味で金融仲介機関の存在意義を見出すことができる．具体的に金融仲介機関の存在理由をあげれば，「専業の経済」と「規模の経済」という2つの用語に要約できる．

第1の「専業の経済」とは，金融仲介機関はリスクを伴う金融取引ないし取引相手に関する情報の収集，分析を専門的に行うことで，審査能力を養い，一般の貸手よりも必要な取引コストの節約を図ることができるということである．

第2の「規模の経済」とは，「範囲（多様化）の経済」を含み，金融仲介機関は①小口な資金を大口化し多様化して分散投資を図り，②多数の借手と貸手を集め，参加者の多様化を図ることでリスク負担の配分を変更することができるということである（①をリスク・プーリング機能，②をリスク・シェアリング機能という）．さらに，金融機関自身が自己資本でリスクを負担することで，リスクを

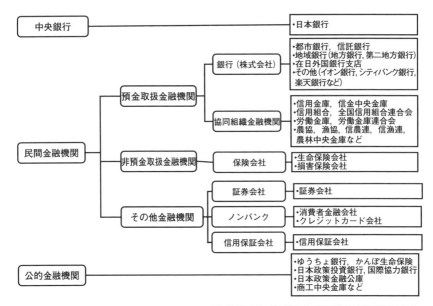

注）地域銀行，協同組織金融機関を地域金融機関という

図 2.3 日本の金融機関

軽減させることができる．

　日本における金融機関は，市場経済を基本としていることから，図 2.3 にみられるように民間金融機関が中心であり，銀行などの預金取扱金融機関，保険会社などの非預金取扱金融機関，証券会社，ノンバンクなどのその他金融機関が存在する．加えて，中央銀行である日本銀行，公的金融機関が存在する．

　なお，預金取扱金融機関は，貸出業務，預金業務以外にも送金という為替業務（口座振替，振込，送金），受取人に代わって代金を受け取る代理収納業務を行っている．貸出業務以外は決済関連業務である．公的金融機関は，預金取扱金融機関であるゆうちょ銀行や，中小企業・農業分野に融資する日本政策金融公庫などの民間金融機関の活動を補完するための金融機関である．

2.3.3　これまでの金融規制と行政

　高度成長期の日本の金融制度は，専門的金融機関制度を採用してきた．これは，金融・証券，銀行・信託保険，中小企業金融，地域金融など異なる金融機関（業態）ごとに専門化させ，市場を区画化し，"垣根" をつくることで金融機関を

人為的に"棲み分け"させることにより競争を排除することを目指し，業務分野規制といわれていた．戦後日本の金融行政は，業務分野規制以外にも，参入規制，金利規制，内外市場分断規制（為替管理）といった競争制限的規制によって，信用秩序の維持を図ろうとしてきた．個々の金融機関が倒産し，金融組織全体に信用不安が起これば，金融組織，銀行組織が決済機能，貨幣供給機能を有しているので，その影響は非常に大きい．このような事態を回避するために，個別的な破綻そのものが発生しないように，最も効率の悪い金融機関でも存続できるような規制が加えられてきた．

また，従来，破綻しそうな金融機関があっても，金融当局主導のもとにほかの経営体力の強い金融機関による吸収合併で，直接の関係者の間だけで処理されてきた．金融機関は倒産することはないという「銀行不倒神話」が成立していた．これがいわゆる「護送船団方式」といわれるもので，金融当局によって，社会的資源の効率的配分を妨げ，金融仲介の非効率をもたらし，非効率な金融機関を温存してきた．同時に，金融当局の過度な保護は市場規律が働く余地を少なくし，金融機関の自己責任原則を弱める効果があった．また，このような規制は無コストではなく，預金者保護の名目で人為的低金利政策が採られた．預金金利が規制されたことで，国民は本来成立していた金利との差の分だけ，コストを負担させられていた．つまり，我が国の戦後から高度成長期の金融システムでは，効率的で，公平な金融システムよりも，安定的なシステムが重視されていたことになる．

2.3.4　金融自由化と自己責任原則—金融経済教育の重要性—

1970年代後半からの2つの「コクサイ化」，国債の大量発行と日本経済の国際化により，金融の自由化，金利の自由化が進展した．1996年11月に，橋本龍太郎内閣における6大改革の1つとして，2001年を目標年次とする大規模な金融システム改革，いわゆる「日本版ビッグバン」に着手することを決定した．そこでは，3つの原則，Free（市場原理が働く自由な市場に），Fair（透明で信頼できる市場に），Global（国際的で時代を先取りする市場に）が提示され，金融制度改革法や金融持株会社の設立解禁により自由化が実施された．

これまでの金融システムに関する規制の撤廃・緩和を図ることにより，自己責任原則と市場規律が有効に働くことを通じて，これまで安定性に重心のあった金

融システムの運営を，効率性，公平性，透明性をも同時に追求しようとした．現在では，競争制限的規制は撤廃され，金融機関にも金融市場にも市場メカニズムが働くようになった．個人は自己責任原則が要求され，自らの判断で金融機関を選択し，金融商品・サービス・金利を選択することが必要となっている．

2.4 大学生の金融リテラシー──教育アンケート調査による国際比較──

筆者は，これまで大学生および社会人を対象に2011年度に日本，2012年度に台湾の両国で金融教育に関するアンケートを実施した．引き続き大学生のみを対象に2013年度に中国，フィリピン，2014年度に韓国でも実施した．さらに，生活経済学会でも2014年度に同様のアンケートを実施した．アンケートでは，金融教育全般にわたる，認知度，イメージ，必要性，必要な分野を聞き，同時にどのような情報源により知識を深め，その知識をもとに行動するという仮説，情報源，知識，行動の相互関係に関する仮説の検証を行った（図2.4）．

最初に，金融教育という言葉に関する「認知度」（聞いたことが「ある」/「ない」）を各国間で比較すると，日本の大学生は他国と異なり，「ない」が「ある」を上回り，認知度が低い．金融教育に関するイメージに関しては，2011年度アンケートでは「難解である」「聞き慣れない」「想像しづらい」など悪いイメージ

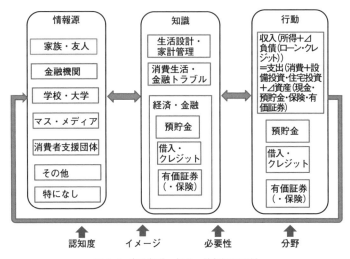

図2.4 金融行動・知識・情報源の関係

が比較的多くなっている．なお，2014 年度アンケートでは 2011 年度に比較して悪いイメージは低下しているが，良いイメージの「興味がわく」「知的である」も低下している．さらに，金融教育の必要性および必要な分野に関しては，必要性の認知度も低く，内容も他国で多い「生活設計・家計管理」というよりも「消費生活・金融トラブル防止」など消極的な分野を取り上げている．

また，日本の学生における金融・経済の仕組み，預貯金，株式・債券，クレジットカードなどの知識水準に関する自己評価は他国と比較して低く，特に預貯金において顕著である．金融知識と行動との関係で問題と考えられるのは，金融の知識が前提で行動し，知識が無いのに行動することはないのが合理的であると考えられるが，日本の学生の場合には「預貯金」「クレジットカード」では知識水準が低いにもかかわらず，利用しているという矛盾がみられる点である．

さらに金融知識の情報源については，日常的に利用する身近な金融知識（「預貯金」「借入」「クレジットカード」）については身近な「家族・友人」，教養・時事的情報が必要な金融知識（「金融トラブル」）については「マス・メディア」，体系的・専門的知識が必要な金融知識（「経済金融の知識」「証券投資」）については「学校」「金融機関」から得ている．しかし，日本の学生について課題なのは，「借入」「証券投資」「金融トラブル」という項目に関し，情報源が「特になし」という回答比率が高く，積極的に手に入れようとしていない，無関心ということである．また，知識水準自体が他国と比較して低いこととあわせて考えると，十分な知識なしに行動し，金融トラブルに巻き込まれる懸念もある．

しかし，同時に得た結論は「金融・経済の知識の有無」によって，これらの状況は改善するというものであった．金融・経済の知識が増えれば，認知度，イメージ，必要性の認識も向上し，必要分野も生活設計・家計管理となる．また，個々の金融商品の知識も増え，行動とも整合的となる．

それゆえ，個々の大学生は，「自己規律」と「自己責任原則」を自覚し，金融経済情報を積極的に収集し，知識の向上を図るよう自己努力する必要がある．他方，行政，金融機関，マスメディア，教育機関，家庭それぞれが情報源としての役割を自覚して，金融教育を実践していくことが重要だと考えられる．とりわけ大学生は，大学時代が体系的に利害関係のない金融教育を受けることのできる最後のチャンスであることに留意する必要がある．　　　　　〔藤野次雄〕

文　献

上村協子・村上恵子（2016）「大学における金融教育」,『生活経済学研究』, 第 44 巻, pp. 37-42.

鹿野嘉昭（2009）『日本の金融制度 第 2 版』, 東洋経済新報社.

酒井良清・鹿野嘉昭（2011）『金融システム 第 4 版』, 有斐閣.

藤野次雄（2000）「行財政改革―金融ビッグバンと郵便貯金・簡易保険―」, 全逓総合研究所編『変革期の郵政事業―課題と展望―』, pp. 157-197, 日本評論社.

藤野次雄（2016a）「日本における金融経済教育の現状・課題と今後の方向―各国比較, 年齢別比較, 金融経済知識の有無比較をとおして―」,『信金中金月報』, 第 15 巻, 第 4 号, pp. 4-34.

藤野次雄（2016b）「国際比較調査 5 か国大学生各国比較結果の概要と意義」,『生活経済学研究』, 第 44 巻, pp. 43-56.

宮村健一郎他（2016）「大学生に対する金融教育アンケートの分析」,『生活経済学研究』, 第 44 巻, pp. 57-67.

村上恵子（2016）「消費者市民社会の形成のための金融行動と金融教育」,『生活経済学研究』, 第 44 巻, pp. 19-27.

吉野直行（2016）「金融経済教育を議論する目的とその必要性」,『生活経済学研究』, 第 44 巻, pp. 5-10.

吉野直行・東　珠実（2016）「これからの消費生活における適切な選択―消費者教育の視点から―」,『生活経済学研究』, 第 44 巻, pp. 1-4.

第2部　家計管理・生活設計

第3章 人生とお金

本章では，生涯で必要なお金について，収入，支出の金額を見積もるとともに，年齢に伴う収支の変動を取り上げる．また，生活のなかで貨幣を用いて行うことの位置づけについて考える．

3.1 生涯に必要なお金

生涯にどの程度のお金が必要となるだろうか．計算を単純にするため，20歳から1人で暮らす場合を想定して生涯支出を算出してみよう（実際には物価の変化もあるが，ここでは物価変動の影響は考慮しない）．

[単身者の1カ月の支出]：65歳まで[約24万]×12カ月×45年＝1億2960万

66歳から[約16万]×12カ月×15年＝　　2880万

[約16万]×12カ月×25年＝　　4800万

支出額は65歳までは総務省「家計調査」（2018年）勤労者世帯，66歳からは総務省「全国消費実態調査」（2014年）無職世帯より．

80歳までで約1億6000万円，90歳まででは約1億8000万円となる．100歳まででは約2億円である．この金額は生活費（消費支出）と税金や社会保険など（非消費支出）であり，家賃分は含まれているが，住宅ローンを利用した住宅購入分は含まれていない．入院したり，高齢期に介護が必要になった場合には，上記に上乗せが必要となる[注1]．また，結婚し，配偶者や子どもと生活する場合には，金額は大きくなる．

生涯で稼ぐお金はどの程度だろうか．表3.1には，生涯賃金の試算額を示している．男女，学歴，就業形態により試算金額が異なる．60歳までフルタイムの就業を継続する場合，男性で正社員であれば教育期間によらず2億円を超える．女性も大学や大学院卒業の場合には2億円を超える．正社員以外での就業の場合

第 3 章　人 生 と お 金

表 3.1　生涯賃金試算額

（単位：百万円）

	高校卒業	高専・短大卒業	大学・大学院卒業
男性 1	209.1	213.4	269.8
男性 2	131.5	134.8	155.5
男性 3	251.6	260.8	329.2
女性 1	148.3	176.3	215.9
女性 2	102.7	109.7	124.3

労働研修・研究機構『ユースフル労働統計 2018』より．2015 年の統
計データにより試算されている．
いずれも，学校卒業後即就職．
1：60 歳までフルタイムの正社員（退職金を含まず）
2：60 歳までフルタイムの非正社員（退職金を含まず）
3：60 歳までフルタイムの正社員を続け退職金を得て，その後平均引
　　退年齢までフルタイムの非正社員

には約 1 億から 1 億 5000 万円程度であり，正社員の 5，6 割の金額である．職業
生活から引退した後は，それまでの公的年金（社会保険）への加入状況により，
公的年金が支給される．

　働き方にもよるが，収入で支出を賄えそうにみえるものの，収入が少ない場合
だけでなく収入がある程度あっても，貯蓄ができなかったり，多重債務を抱える
ことがある．生涯を通じて，収入と支出のバランスを図ることが必要になる．

3.2　経済状況の浮沈

3.2.1　ライフサイクルと家計

　前節では，生涯を通じて必要になるお金を見積もったが，長い生涯のなかで毎
年同じ金額が必要になるわけではない．生涯のなかで予定する出来事や起こって
ほしくないが起こりうる出来事などにより，必要なお金は変動する．

　シーボーム・ラウントリーは，19 世紀末のイギリス・ヨークでの調査をもと
に，労働者のライフサイクルのなかで，経済的な浮き沈みのモデルを提示してい
る（図 3.1）．肉体的な効率だけを維持する最低限必要不可欠なものを手に入れ
るにも不十分な収入レベルとして「第一次貧困線」という境界線を設定し，その
境界との関係が年齢によりどのように変化するかを示している．本人の年齢で，
5 歳から 15 歳までは第一次貧困線を下回っているが，15 歳を過ぎると就労し，

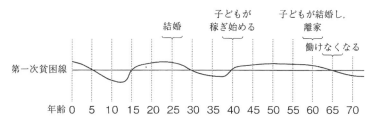

図 3.1 ラウントリーによる男性労働者の生涯の経済変動モデル（Rowntree, 1902, p.137 より）
第一次貧困線：肉体的な効率だけを維持する最低限必要不可欠なものを手に入れるにも不十分な収入レベル

貧困線を上回る期間が続く．結婚し，しばらくすると子育て期に入り，再び貧困線を下回っているが，子どもが稼ぎ始めることで貧困線を上回る．子どもが離家し，さらに自分自身が働けなくなると，再び貧困線を下回る．一生涯のなかで，就職や結婚，子どもの成長，職業からの引退などのライフイベントが経済状態に影響していることを示している．

近年の年齢別の家計の傾向を，総務省の「家計調査」をもとに作成した図によりとらえてみよう．世帯主年齢階層別の消費支出額と可処分所得額を図 3.2 に示す．可処分所得とは，給料や公的年金の受け取りなど（実収入）から税金や社会保険料（非消費支出）を控除した金額であり，文字通り，処分の仕方（使い方）を自由に決めることができる収入である．可処分所得には，預貯金の引き出しなど，自分の蓄えを取り崩した収入は含まれていない．「可処分所得 − 消費支出」

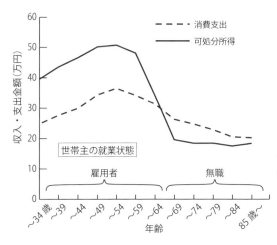

図 3.2 世帯主年齢階層別の収入と支出
注：世帯人員 2 人以上の世帯．64 歳まで雇用者として就労，以降は無職の設定．総務省統計局「家計調査」（2017 年，2018 年）データをもとに作成．

がプラスかマイナスかで黒字か赤字となる．図3.2は結婚して以降（世帯の人数が2人以上）の生活について，60歳代半ばで職業生活を引退し，その後は無職と仮定して，各年齢階層の平均値を示している．

　可処分所得額は40歳代後半層まで増加し，50歳代後半までほぼ横ばいとなる．60歳代前半層は世帯主が雇用されて就労している（雇用者）世帯であるが，いったん定年退職し再雇用される者なども含まれ，大幅に減少している．無職となる60歳代後半以降の可処分所得はほぼ同額である．消費支出額は，50歳代まではおおむね可処分所得の変化に沿うように推移している．子どもが高校生や大学生になることの多い年齢層の50歳代がピークとなり，60歳代後半層以降の引退後は，それ以前に比べると支出額は少なくなるが，可処分所得を上回る赤字状況になっている．

　ラウントリーの図では，結婚後は，子ども養育期と引退後に第一次貧困線を下回っている．図3.2では，子どもの教育期には消費支出額が大きくなるが，収入も生涯のなかで高い時期に相当し，年齢階層別の平均値では赤字にはなっていない．引退後は，支出が収入を上回り赤字になっている．第一次貧困線を基準とした水準とは大きく異なるが，年齢，ライフサイクルにより経済状況が変動している．

3.2.2　ライフサイクル仮説

　図3.2に示すように，50歳代までは可処分所得額は消費支出額を上回り黒字である．黒字分は，住宅ローンなどの借入金返済にも用いられるため，すべてが貯蓄されるわけではないが，50歳代までに黒字のなかから金融資産が蓄積され，60歳代後半以降には引き出され，赤字補填に用いられる．引退し無職になった後は，就労収入はなくなるが，公的年金を中心とした収入があり，一定額の収入を確保している．しかし，支出額のすべてを賄うことはできない．雇用者として就労している場合には勤め先により提示される定年年齢を目途に，自営などの場合には自分で引退時期を意識し，引退までにそれ以降の生活を考え，貯蓄を行っている．

　消費支出額決定の影響を示す消費関数の考え方のなかに，ライフサイクル仮説という考え方がある．ある時点の消費支出額の決定に際して，その時点の収入だけでなく，生涯に得られる収入や支出を考慮しながら決定する，というものであ

る．図 3.2 は，実際に年齢を重ねたデータではなく横断面データによる試算であるが，就労している間は貯蓄をして，引退後に引き出す様子が示されている[注2)]．

3.2.3 生涯の収支バランスと金融商品の利用

図 3.2 では，50 歳代まで黒字であるが，月々，年々の収支バランスではマイナスになる場合もある．赤字になった場合には，預貯金引出や株や債券などの売却，借入などで対応する．

将来の生活を計画することを生活設計という．生活設計に基づき，金融商品を利用（売買）しながら，生涯の収入と支出の時期の調整を行うことになる．金融商品はそれぞれに手数料や金利，元本確保の度合いが異なるため，単純に時期の調整だけでなく，金融商品の特徴を理解し利用目的に応じて使い分けることが必要となる．

図 3.3 には貯蓄目的を，図 3.4 には借入目的を世帯主年齢別に示している．貯蓄では，子の教育，老後，病気・災害など万一への備えが主なものであるが，年齢による違いが大きい．40 歳代までは教育，50 歳代以降は老後，病気や災害など万一の備えのために貯蓄をしている割合が高い．

住宅の取得・増改築を目的として貯蓄をしている割合は 20 歳代では約 3 割を占めるが，ほかの年齢層では割合が低い．30 歳代以上では，住宅を購入し，借

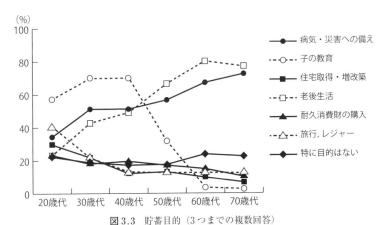

図 3.3　貯蓄目的（3 つまでの複数回答）
資料：金融広報中央委員会「家計の金融行動に関する世論調査［二人以上世帯調査］」2018 年．

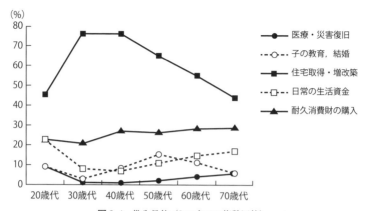

図 3.4 借入目的（3つまでの複数回答）
資料：金融広報中央委員会「家計の金融行動に関する世論調査［二人以上世帯調査］」2018 年.

入目的として住宅所得をあげる者が多い（図 3.4）．借入について，このほかに全年齢層を通じて耐久消費財購入のために利用している割合が 20〜30％程度を占める．

図 3.3，図 3.4 の項目にも含まれている人生のなかでの大きな出来事をライフイベントという．仕事に関わる事項として就職，転職，離職，引退など，居住に関する事項として転居，住宅の購入など，家族に関する事項として結婚や離婚，子どもの誕生，子の学校入学・卒業，子の結婚，家族の死亡など，がある．それぞれの人生のなかで，ライフイベントをどのように予定するのか，そのことに伴い必要な費用を見積もり，どのような金融商品で準備するかを考えることになる．計画的に予定することのほか，家族の死亡のように希望しないことが起こり損失を発生させる可能性があること（リスク）や，そのことが生じた場合に必要となる費用についても，同様に，金額と備え方を考えておくことが必要である．

3.3 生活資源のなかのお金の相対化

3.3.1 生活資源

現代社会では，お金なしで生活することは困難に思える．マーク・ボイルは，著者である青年がイギリスで 1 年間お金を使わずに生活した様子を紹介している（ボイル，2011）．裸の状態でまったくの自給自足を行ったものではないが，化石

燃料を用いず生活している（生活内容発信用にパソコンとインターネットを使用するための人力の発電装置は事前に準備していた）．食生活については，野草を採取するほか，近隣の農場で労働力を提供し収穫物を分けてもらったり，スーパーで期限切れになり廃棄される食料をもらったりして調達している．お金を用いず，自身の時間，体力，知識，能力，ネットワークを活用し，生活している．

日々生じる欲求や長期的に達成したいことをかなえるために利用できるものを生活資源という．生活資源は人的資源と非人的資源に大別され，人的資源には，人が持つ時間，態度，能力，エネルギー，知識，技能などと人的なネットワーク，非人的資源には，金銭，施設など空間，手に入れることのできる物質，利用可能な社会の制度などが含まれる．情報は，すでに人が保有していれば人的資源となり，新たに外部から入手する場合には非人的資源と考えることができる（重川，2016, p.61）．

リンダ・グラットンらは，100年が視野に入る長寿化した人生において，これまでの「一定年齢での定年→引退」ではないライフコースを生きるために無形の資産の重要性を指摘している（グラットン，2016）．これは，生活資源のとらえ方と重なる．3つの資産として，仕事の生産性を高めるスキルや知識などの「生産性資産」，健康や友人や家族との良好な人間関係などの「活力資産」，多様なネットワークや新しいことへの積極性など自身を変化させうる「変身資産」をあげている．

3.3.2　経済の構造

図3.5は，金銭取引の部分だけでなく，自給的活動やそれを支える自然環境を含め経済活動をとらえたものである．この図を提示したヘーゼル・ヘンダーソンらは，GNP（国民総生産）などの経済統計で捕捉される部分は「経済の構造」の一部であり，統計で捕捉される部分はその一部であると指摘している（ヘンダーソン他，1990）．経済の構造を図3.5に示すように3層のケーキに模して，①私的セクターと公的セクターに地下経済も加えた貨幣経済の層，②家事労働，自家消費用の農作物生産，ボランティア活動，物々交換，相互扶助などの自給的および社会的協同対抗経済の層，③物やエネルギーの資源であるとともに排出物を吸収する機能も果たしている自然の層の3つに区分している．雇用先から収入を得て，得た収入を消費したり，投資，貯蓄することは，貨幣経済の層の一部分で

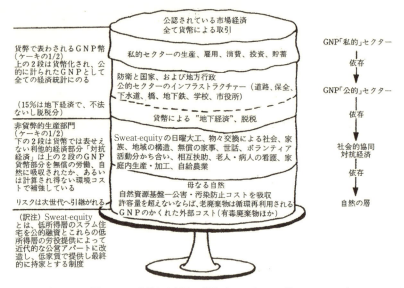

図 3.5 3層のケーキを模した経済の構造(ヘンダーソン他,1990,p.41)

ある.また,図に示されているように,上の層はその下位の層に依存しており,自然の層は,GNP,社会的協同対抗経済に影響を及ぼす.貨幣により行われる私的な消費や貯蓄は公的セクター以下の層の影響を受けることになる.

家庭菜園などで生産した農作物の利用のほか,家事労働やボランティア活動といった無償労働のあり方,利用できる社会保障制度や公共サービスの内容により,支出した金額が同じ場合でも,生活のあり方は異なる.

3.4 生活の保障—自助・共助／互助・公助—

生涯の各段階の生活は,自分で賄うだけでなく,様々な主体により支えられている.生活保障のためのサービスを,それを担う主体と採算性により区分すると図3.6のように示すことができる.自分自身のほか,家族,企業,近隣やNPO,行政など多様な主体により生活の保障が担われている.各個人による自助,政府による公助のほか,お互いが助け合う共助[注3]がある.

高齢期の生活を例にすると,公的制度として年金保険に加入し年金を受給するほか,自分で貯蓄をしたり民間の保険に加入して備える,就労して稼得する,子

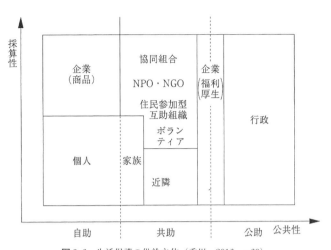

図3.6 生活保護の供給主体（重川, 2016, p.69）
注：採算性は，自助，共助，公助のなかの相対的な度合いを示す．
1つ1つの面積の大きさは例示的に示したものである．

どもから仕送りなどを得る場合もある．介護が必要となった場合には，公的介護保険制度で提供されるサービス利用のほか，公的介護保険外で企業などが提供するサービスの購入，家族やボランティアの人の手助けを得ることもある．

　公助や，共助のあり様により，私的な経済的準備の必要性が異なることになる．将来に向けた生活設計を考えるときにも，共助や公助の状況を踏まえて，自助のあり方を考えることになる．公助である社会保障については，生涯を通じ，困難な状況などに応じた現金やサービスの給付が行われている．申請に基づき利用可能になることが一般的であり，制度自体の仕組みや利用可能な仕組みを案内する機関の情報が必要である．共助のあり方は地域の1人ひとりの関わり方が決めることにもなる．共助，公助の現状に鑑み，自助として何が必要か，個人としてどのような準備をするのかを考えるとともに，自分が暮らす社会の自助，共助，公助のバランスについて考えることも必要である（重川, 2016, p.213）.

〔重川純子〕

注
1) 入院や介護の費用がまったく含まれていないわけではないが，試算に用いている金額は総務省「家計調査」に協力できる状態の調査協力者家計の実態が反映されたものである．

2) 年齢を重ねた変化をとらえるためには，たとえば，第4章の図4.3のように長期にわたる
追跡が必要となる．図3.2では，横断面データ（同一時点での年齢や収入額など複数の項
目を集めたデータ）を用いて，年齢による収入，支出の相違を示している．
3) 共助と別に互助を加えている場合もあるが，自助・共助・公助を含め，線引きが定まって
いない．1996年の『厚生白書』では，家族，地域社会・ボランティアなどの互助ネットワ
ークや企業などの支援を自助，共助とし，これらで対応できない場合に社会保障で対応す
ると示されていた．厚生労働省の地域包括ケア研究会の報告書（2013年）を受け，今後の
高齢者福祉のあり方として提示されている「地域包括ケアシステム」では，生活保障の提
供のされ方を自助・互助・共助・公助の4つに分け，互助は「費用負担が制度的に裏付け
られていない自発的なもの」，共助は「介護保険に代表される社会保険制度及びサービス」
としている．内閣府の「共助社会づくり懇談会」の設置趣旨（2013年）では，「特定非営
利活動法人等による地域の絆を活かした共助」と示され，地域の助け合いなどが共助と認
識されている．金子（2012, p.12）は地域福祉システムモデルを提唱し，福祉サービスの
提供のされ方として自助，互助，共助，公助，商助の5つをあげている．

文　献

エキンズ，ポール編著，石見尚他訳（1990）『生命系の経済学』，御茶の水書房．［Ekins, Poul
Ed. (1986) *The Living Economy*, The Other Economic Summit.]
金子　勇（2012）「少子化する都市高齢社会」，『都市社会研究』，第4号，pp.1-20
グラットン，リンダ／スコット，アンドリュー著，池村千秋訳（2016）『LIFE SHIFT（ライ
フ・シフト）』，東洋経済新報社．［Gratton, Lynda and Scott A. (2016) *THE 100-YEAR
LIFE*, Bloomsbury Information.]
重川純子（2016）『生活経済学』，放送大学教育振興会．
ヘンダーソン，ヘーゼル他（1990）「実質的意味のない諸指標」，ポール・エキンズ編著，石見
尚他訳『生命系の経済学』，pp.39-48，御茶の水書房．
ボイル，マーク著，吉田奈緒子訳（2011）『ぼくはお金を使わずに生きることにした』，紀伊國
屋書店．［Boyle, Mark, 2010, *The Moneyless Man: A Year of Freeconomic Living*, Oneworld
Publications.]
Rowntree, B. S. (1902) *Povety : A Study of Town Life (3rd ed.)*, Macmillan. (https://archive.
org/stream/poverty00unkngoog#page/n12/mode/1up)

第4章 稼ぐ・使う

　本章では，収入と支出について，給与明細で示される内容など特に家計を管理する観点から，その具体的な内容を取り上げる．また，家計管理の目的，方法の要点について説明する．

4.1　収　入　を　得　る

4.1.1　収入の源泉

　家計が収入を得る方法にはいくつかあるが，就労により収入を得ている人が多い．このほかの収入源を，総務省「家計調査」の収入項目により捕捉する（表4.1）．「家計調査」では，家計の純財産高を増加させる実収入は，おおよそ定期

表 4.1　収入と支出

受取（収入総額）	実収入	経常収入 　勤め先収入 　事業・内職収入 　農林漁業収入 　財産収入 　社会保障給付 　仕送り金 特別収入 　受贈金 　その他	支払（支出総額）	実支出	消費支出* 非消費支出 　直接税 　社会保険料 　他の非消費支出
	実収入以外の受取	預貯金引出 保険金 有価証券売却 借入金 財産売却 その他		実支出以外の支払	預貯金 保険料 有価証券購入 借金返済 財産購入 その他
	繰入金			繰越金	

*消費支出の中に消費税分が含まれている．
資料：総務省「家計調査」をもとに作成．

的に入るか否かにより経常収入と特別収入に分けられている．経常収入には，雇用者が受け取る給与である勤め先収入のほか，事業・内職収入，農林漁業収入，財産収入，社会保障給付，仕送り金がある．財産収入には，預貯金や株式などの金融資産の保有により発生する利子や配当などが含まれる．このほか，単発的に入る特別収入として，冠婚葬祭や見舞い金などの受贈金などがある．

表 4.1 の実収入以外の受取は，手元にお金が増えたようにみえるが，保有していた預貯金や財産などの資産の減少や負債の増加を伴い純財産高は変わらない収入である．表の右側に示す支出分類でも，収入の分類に相応する実支出，実支出以外の支払の区分が行われている．繰入金，繰越金は，それぞれ前の会計期間から，次の会計期間へ，引き継がれる現金を指す．

4.1.2 給与明細

就業上の地位別の就業形態について，1955 年には自営業や家族従業が過半数を占めていたが，その後雇用者化が進み，近年では自営業や家族従業は約1割に減少し，約9割が雇用者として就労している．

賃金の具体的な体系は勤務先によるが，あらかじめ決められた条件や算定方法に基づき支払われる「定期給与」とそれ以外の「特別給与」に分けられる（図4.1）．定期給与は，基本給と諸手当（役職手当など）の「所定内給与」と所定の労働時間を超えた労働に対し支給される「所定外給与」で構成される．

給与明細（図 4.2）には雇用主が支払う賃金額と賃金額に応じた税金と社会保険料の金額が，賃金として支給される金額には，基本給のほか，時間外手当，通勤手当，住宅手当が示されている．税金については所得税と住民税，社会保険料については厚生年金保険，健康保険，雇用保険，介護保険の欄が設定されてい

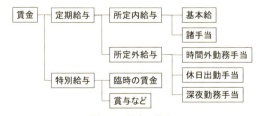

図 4.1 賃金の構成
厚生労働省「最低賃金制度の概要」ウェブサイト中「最低賃金の対象となる賃金」ページの図に「特別給与」を加筆．
http://www2.mhlw.go.jp/topics/seido/kijunkyoku/minimum/minimum-12.htm

名前		社員番号		振込額	
○○　○○		1234567		152,522円	
支給	基本給	時間外手当			
	200,000円	8,000円			
	通勤手当	住宅手当		支給額計	
	10,000円	0円		218,000円	
控除	雇用保険	健康保険	厚生年金保険	介護保険	
	1,090円	10,967円	19,221円	0円	
	所得税	住民税			
	5,000円	7,200円			
	食堂	社内預金	社員寮費	控除合計額	
	4,000円	3,000円	15,000円	65,478円	

図 4.2　給与明細の例

支給額，税，社会保険料の金額は，金融広報中央委員会「大学生のため
人生とお金の知識」p.15 より転載.

る．雇用者の場合，源泉徴収という仕組みで，あらかじめ税金と社会保険料を控
除した（差し引いた）金額が支給されることが一般的である．

　このほか，この給与明細には，食堂利用，社内預金，社員寮費の項目が示さ
れ，利用や加入状況に応じた金額が給与から差し引かれている．雇用者には，支
給総額から控除合計額を差し引いた金額が支払われる．この額を手取り収入とよ
ぶことがある．税金と社会保険料のみを控除する場合には，手取り収入は可処分
所得と等しい．

4.1.3　賃　　金

賃金の調査（厚生労働省「賃金構造基本統計」）によると，賃金額は職種や就
業形態，年齢，性別，学歴などにより違いがみられる．賃金と年齢の関係につい
ては，年功賃金といわれる年齢上昇に伴い賃金額が上昇する傾向がある．図 4.3
には，コーホート[注1]別に，男性の年齢上昇による賃金の変化を示している．各
コーホートの 20〜24 歳時点の賃金額を基準値の 100 として，その後の賃金水準
を示している．いずれのコーホートも，おおむね年齢上昇に伴い賃金が上昇する
傾向にあるが，若い世代では賃金カーブが緩やかになりつつある．

　結婚や子どもの成長などにより支出額が増加した場合に，年功賃金の体系で賃
金も上昇していると比較的家計管理をしやすいが，年齢と賃金の関係が弱くなる
と，各自が収入見込みと支出予定を長期的に考えながら意識的に収支のバランス
を図る必要性が高まることになる．

　雇用者の場合，金額の水準は様々であるが，退職時に退職金が支払われること
も多い．退職金を転職時の職探しの期間や定年退職後の生活の支えとして利用す

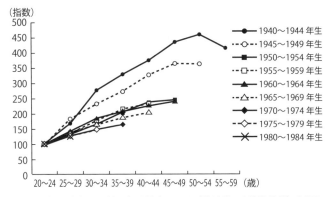

図 4.3 コーホート（出生年）別男性の年功賃金カーブ（学歴計，産業規模計）（重川，2016，p.79 より）
注1：厚生労働省「賃金構造基本統計調査」，総務省「消費者物価指数」より作成．
注2：20～24歳のきまって支給する現金給与額と年間賞与を100とした場合の各年齢層の実質賃金
2003年時点までの値は，内閣府『男女共同参画白書 平成15年版』図 1-2-13図による．

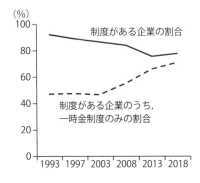

図 4.4 退職金制度
期間を定めず雇われているフルタイムの労働者が30人以上働く民間企業対象．2018年分は2013年と比較可能な「複合サービス事業」を含まない値．
資料：厚生労働省「就労条件総合調査」（旧「賃金労働時間制度等総合調査」）．

ることができる．退職金制度のある企業の割合は，1993年には90％を超えていたが，2010年代には70％台に低下している（図4.4）．また，退職金制度がある会社のなかで，退職年金制度（退職後，一定期間または生涯にわたり年金を支給する制度）を持つ企業の割合は減少し，一時金として支給する企業の割合が増加している．退職金は勤め先が雇用者にかわって貯蓄をしていた，ととらえることができる．退職金を転職時の職探しの期間や定年退職後の生活の支えとして利用する雇用者の場合には，生活設計を考える際に，社会保障制度だけでなく，勤め先の制度を確認することも必要である．

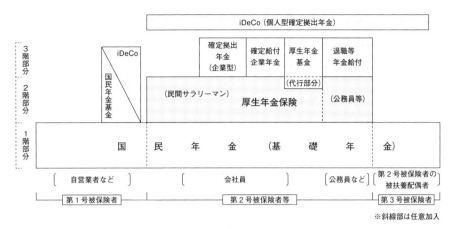

図 4.5 公的年金のしくみ
出典：厚生労働省『厚生労働白書 平成 30 年版』，p.236（ただし，人数は削除している）．

4.1.4 多様な働き方

雇用者として働くほか，自営，フリーランスで働く，起業し人を雇って働く場合も考えられる．また，雇用者として兼業・副業することも認められつつある．自分の時間，能力をどのように生かすのか，お金（稼ぐことと使うこと）を含めながら，考えることになる．

雇用者の場合には，定期的にある程度決まった収入を得るが，自営の場合には仕事の内容により，収入の入り方は様々である．支出を予測し，配分を考えることになる．税金や社会保険の手続きも自分で行う必要がある．自営業者などの公的年金は，国民年金（基礎年金）のみが強制加入部分であり（図 4.5），その上（2 階・3 階部分）の年金に加入するかどうかは任意である．

4.2　税金・社会保険料を支払う

前節で示したように，収入のすべてを自由に使うことはできない．所得や資産の状況などに応じ税金を支払うことになる．同様に，社会保険についても，個人が自由に加入（購入）するか否かを決める私的保険（民間保険）と異なり，就労状況や年齢により加入が義務づけられている．これらの支出を非消費支出という．

社会保険は，加入者が保険料を拠出し，傷病や死亡，老齢，失業，要介護など

の状況が生じた場合に一定の給付を行う社会保障制度の1つの分野である．図4.2の給与明細例に示されている厚生年金保険，健康保険，雇用保険，介護保険は，それぞれ，高齢期，傷病，失業，介護に備えたもの[注2]である（介護保険料の支払は40歳から）．雇用者の場合，これらの社会保険は，各個人の支払に加え雇用主も同額の支払を行っている．このほか，労働災害に備えた社会保険（労働者災害補償保険）があるが，この保険料は雇用主側のみが負担している．

雇用者以外の場合は，各個人が税金や社会保険料を支払うことになる．年金について，学生の場合にも20歳以上の人は国民年金保険に加入することになるが，学生自身の所得が一定額以下であれば，申請により在学中の保険料支払を猶予することができる（学生納付特例制度）．学生以外についても，世帯や本人と配偶者の所得が一定以下の場合，申請により，国民年金の保険料支払を猶予されたり，免除される場合がある[注3]．

社会保険に加入していることにより，対応が約束された状況に陥った場合には，金銭が給付されたり，費用の一定割合のみの負担などで医療や介護を受けることができる．第3章で取り上げたように，貯蓄目的として老後や傷病への備えがあげられていた．社会保険やそのほかの社会保障の仕組みのなかで対応可能な内容を踏まえ，それに加えて必要な事項や金額を考えることになる．

4.3　自由裁量で支出する

4.3.1　消 費 支 出

生活を営むためのものやサービスを購入している支出を消費支出という．ある期間（たとえば1カ月）の可処分所得額をすべて消費支出に用いる場合もあるが，その期間内にはすべて消費しないで，一部を将来に備え貯蓄したり，過去に借り入れていた借金を返済する場合もある．また，ある期間の可処分所得で消費支出を賄えない場合には，過去に蓄えておいた貯蓄を引き出したり，借入を行い将来返済することになる．収入の見通しを考えながら，現在の消費と過去の消費，将来の消費のバランスを図ることになる．貯蓄や投資をしたり，借入をする場合，金融機関の提供する金融商品を利用することになる．金融商品を対象とする投資ではなく，自分自身に対してお金をかけることを「自己投資」と表現することがある．資格所得や能力を高めるための支出など，現在の生活のためではな

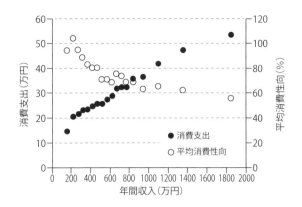

図 4.6 年間収入と消費支出月額・平均消費性向（世帯人員 2 人以上で世帯主が雇用者の世帯）
消費支出額は年平均 1 カ月あたりの金額，年間収入額は 18 の収入階層それぞれの平均値．
資料：総務省統計局「家計調査」2018 年．

く，将来の生活のために行われる消費である．

　消費の金額や内容は個人や世帯の状況により異なる．ここでは，収入額や年齢による相違の傾向を取り上げる．図 4.6 に収入額による消費支出額と平均消費性向を示す．平均消費性向とは，可処分所得に占める消費支出の割合である．消費支出額はおおむね収入に比例して大きくなっている．平均消費性向は，年間収入が 200 万円以上 250 万円未満の層では 100 を超えており，赤字である．高収入になるにつれ傾きは緩やかになるものの，おおむね収入上昇にともない平均消費性向は低下する．年間収入 1500 万円以上の層（平均値 1849 万円）では，平均消費性向は 55 であり，可処分所得のうち消費に回すのは約半分のみである．

　図 4.7 には世帯主年齢別の消費構造（消費支出額を 100% とした費目ごとの内訳）を示している．食料費はいずれの年齢層でも最も割合が大きく 20% 台である．交通・通信費は，64 歳までの各年齢層では 15% 前後を占める．若年層では賃貸住宅に住む割合が高いため住居費割合が大きい．年齢の高い層では，交際費を含むそのほかの消費支出の割合が高い．45 歳〜54 歳層では教育費割合が 10% を超える．各年齢層ともに食料費と交通・通信費で約 4 割を占めている点は共通しているが，年齢階層による特徴がみられる．経済計画を考える際に参考にすることができる．

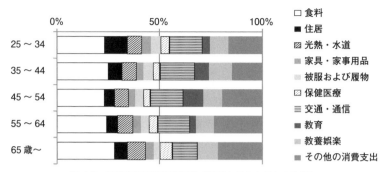

図 4.7 世帯主年齢別消費構造（世帯人員2人以上の世帯）
資料：総務省統計局「家計調査」2018年．

4.3.2 寄　付

　お金の使い途として，自分や家族のためだけでなく，他人や社会のために寄付を行うという選択肢も考えられる．国や地方自治体が社会として必要な活動や困窮した人への支援を担うだけでなく，民間の組織が公益的な活動を行っていることも少なくない．公益的な活動を行う非営利の民間組織のなかにも様々なものがあり，事業性を発揮し，提供する財やサービスの利用者から得た収入で事業や組織の維持が可能なものもあるが，収入基盤が弱い組織が多く，寄付を募っているところも多い．

　総務省統計局「家計調査」において世帯ごとの寄付金額が捕捉されているが，消費支出の 0.5% に満たない．社会としての寄付金総額（2010年）を海外の状況と比較すると，日本では 8800 億，アメリカ 25 兆 5245 億円，イギリス 1 兆 4914 億円である（内閣府 NPO ウェブサイト掲載データより）．この金額から人口 1 人あたりの金額を算出すると，日本 6900 円，アメリカ 8 万 1700 円，イギリス 2 万 4000 円であり，日本の金額はイギリスの約 3 割，アメリカの 10 分の 1 以下の金額である（重川，2016，p.226）．

　活動に共感する組織があれば直接そこに寄付すればよいが，寄付先を自分で決められない場合には，寄付を仲立ちする組織へ寄付するという方法もある．また，一定の基準を満たしていると認定された組織への寄付については，申告することにより寄付した人の所得税の算出において寄付金控除などの優遇措置を受けることができる．

4.3.3　ニーズとウォンツ

　生活上，購入したいと考えるもの（サービスを含む）は多種多様であるが，生活上，必要不可欠なものか否かで区分することがある．

　必要不可欠で欲しいものを「ニーズ」，必要不可欠とはいえないが欲しいものを「ウォンツ」という．人の生活は必要性のみで成り立つものではなく，楽しみやゆとりを感じられることも重要である．しかし，使うことができるお金は有限であることが多く，欲しいものすべての購入を賄うことができないため，優先順位を考えると，ウォンツよりニーズが優先される．ウォンツのなかでも，人それぞれの価値観や状況により優先順位を考えることになる．

4.4　家計を管理する

4.4.1　フローとストック

　第3章「人生とお金」，第4章「稼ぐ・使う」のなかで取り上げてきた家計管理の必要性を抽出すると，下記の2つとなる．

- ・収入，支出には変動があるので，生涯を視野に入れた将来の予測をしながら，現在のことを考える．
- ・多くの場合収入は有限であり，一方，生活を営むうえで購入しなければならない，あるいは購入したいものやサービスは様々にある．

　家計のとらえ方には，収入や支出のように一定期間のお金の流れ（フロー）と，資産（貯蓄）や負債のようにある時点のお金の量（ストック）がある．主にフローについて取り上げてきたが，4.1節で述べたように，実収入以外の受取は資産減少や負債増加を伴い，フローとストックは連動している．家計を管理する場合には，フローだけでなくストックも対象とする必要がある．

4.4.2　みえなくなったお金の動きの可視化

　支払手段が多様化し，現金以外での支払が増加している．図4.8に消費支出のなかで現金以外で支払った金額の割合を示している．2014年には消費支出全体のなかで約2割を占め，被服費のなかでは4割を超えている．金融機関の振込や自動引き落としの利用のほか，カードを用いた支払が増加している．カードの種類も，テレフォンカードのような磁気式プリペイドカードのほか，クレジットカ

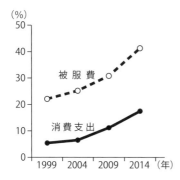

図 4.8 支払中現金以外の割合
資料：総務省統計局「全国消費実態調査報告」各年版.

ード，電子マネー，デビットカードと1人の人が複数枚のカードを所持している．それぞれのカードの機能をスマートフォンに搭載する場合もみられる．事業者側には会計処理や支払データ利用による生産性の向上や現金流通の可視化による課税対象捕捉性の向上，消費者側には支払の利便性の向上を目指して，キャッシュレス化の推進が政策課題にも設定され，今後一層の広がりが予測される．

各種カードはそれぞれに特徴が異なる（表 4.2）．家計管理上，特に注意が必要になるのはクレジットカードである．クレジットカードは後払いのカードであり，購入時点から支払時点までは借金を行っていることになる．返済できるか見

表 4.2　カードの種類と特徴

プリペイドカード	商品・サービス購入に用いられる代金前払いのカード．テレホンカード，図書カードなどの磁気カード，インターネット上で番号を入力し利用するもの，非接触型ICカードがある．小銭を用意する必要がなく，割引や上乗せがつくなどの利点がある場合もあるが，カード紛失の場合にはカード使用者が損失をこうむる．
デビットカード	使用時点で本人の金融機関の口座から利用額が自動的に引き落とされる即時決済機能を持つカード．デビット機能に特化したカードのほか，多くの銀行などのキャッシュカードはデビットカードの機能も持つ．口座の預貯金の範囲内で使用でき，利息や手数料はかからない．
電子マネー	決済手段として用いるため現金，小切手，クレジットカードなどの媒体を電子情報化したもの．インターネットなどのネット上で流通させるネットワーク型と，カードにICチップを搭載したICカード型がある（携帯電話にICチップが搭載されているものもある）．前払い式のものだけでなく，クレジットカードに非接触型ICチップが搭載された後払い式のものもある．
クレジットカード	カード発行会社加盟店で，商品やサービスを購入するとき，カードを提示することにより商品を購入することができる後払い式のカード．

金融広報中央委員会ウェブサイト：知るぽると「金融用語解説」を参考に作成．
http://www.saveinfo.or.jp/finance/kinyu/yogo/index.html

通しを立てたうえでの利用ではなく，今お金がないからというその場しのぎで用いると，返済困難に陥る場合がある[注4]．

支払だけでなく，収入も金融機関への振込で受け取ることが多く，取引がキャッシュレス化している．個人間のお金のやりとりもスマートフォンを用いて電子データ上で行うことが可能になっている．実物としての現金の出納だけでなく，数字上だけで動いているお金の動きを把握することが不可欠になっている．

4.4.3　家計管理の方法

家計管理には家計簿が用いられる．日本では，書店，文房具店，スーパー，100円均一店など様々なところで家計簿が売られており，「家計簿大国」といえる．このような市販される冊子形式のものだけでなく，ノートに自作したり，パソコンやスマートフォンなどの情報機器の家計簿ソフトあるいは表計算ソフトで管理することもできる．

家計管理をする（家計簿をつける）場合，以下の事項を含めておくとよい．

- ・一定期間（一般的には1カ月，1年）を決めて，収入額，支出額の金額を確認し，収支決算を行い，黒字・赤字を確認する．
- ・収入額，支出額の把握では，実収入と実収入以外の受取，実支出と実支出以外の支払を区分する．

  職業生活から引退後など，実収入以外の受取を想定して家計運営を行うこともあり，常には赤字を回避する必要はないが，黒字（赤字）の状況や純財産高への影響の確認のために，収入，支出のそれぞれに区分した捕捉が必要である．

- ・現金だけでなく，口座引き落とし分やカードでの支払分を把握する．
- ・一定期間ごと，少なくとも年に1回は，資産負債現在高を確認する．
- ・消費支出の区分は，記帳理由により異なる．

  支出額をとらえるだけであれば区分は不要である．支出の無駄や癖を確認したい場合，たとえば食費に問題を感じていれば，食費の内容をさらに区分して把握することになる．個人別の支出をとらえたい場合には，共通的な支出以外に家族員ごとに区分することになる．総務省の「家計調査」[注5]にある程度そろえると，自分の状況を評価したい場合に参照することができる．

収支のバランスを改善するためには，収入増加，支出削減を図ることになる．収入増加には就労のほか，第11章，第12章で取り上げる資産運用，支出削減に

は家計簿を用いてニーズとウォンツの観点などから支出の見直しを行うことになる．

　家計管理の目的は，お金を増やして，亡くなるときに最大化を図ることではない．収入増加を図りつつ，なるべく満足が得られるような効率的な配分（使い方）を考えることである．楽しみを得るためには時間を費やすことが必要なことも多く，時間の使い方とも重ねながら，いかに収入を得て，いかに使うかを考えることになる．

〔重川純子〕

注
1) 同じ時期に同じライフイベントを経験した人の集団．出生コーホートを指すことが多い．
2) 年金保険は主に高齢期，雇用保険は主に失業時に給付される．このほか，年金は高齢期前に病気やけがにより障害といった状況が生じた場合に障害年金を受け取ったり，雇用保険は育児休業や介護休業の取得時に，一定の給付を受け取るができる
3) 学生の場合も含め，10年以内であれば，後から保険料を納めること（追納）ができる．追納されない場合には，受け取る年金が減額されることになる．国民健康保険についても，世帯の所得が一定以下などの場合，保険料の支払の軽減や免除を受けることができる場合がある．
4) 家計の相談機関に寄せられるクレジットカード利用に関する相談のなかには，家計管理することなく数枚のクレジットカードを利用し，分割払いやリボルビング払いで返済を行うことで返済困難に陥ったものが少なくない．
5) たとえば，図4.7に示した10大費目，「家計調査」を参照する場合には，年平均1カ月あたりの金額であることや，住居費には住宅ローンを含まないことなど，調査の特徴を理解して値をみることが必要である．

文　献
金融広報中央委員会（2015）『大学生のため人生とお金の知識』．
重川純子（2016）『生活経済学』，放送大学教育振興会．

第5章 生活を設計する①

生活設計は，今の生活と将来の思い描く生活をつなげることで漠然とやってくる将来ではなく，少しでもより良いと思う将来の生活を実現させるための手段である．経済的な側面のみならず，人間関係や能力，健康などの非経済的資源をも総動員して，生活を豊かにし，様々なリスクを考えるための手段といえる．具体的生活設計は第6章で確認していくが，ここでは，生活設計で押さえておくべき3つの領域や主体などの基本的な概念について整理した．

5.1 生活設計の重要性が増す時代

5.1.1 戦略的生活設計の時代へ

1970年代から1980年代にかけて，今井光映は，それまでの家計破綻を防ぐという短期的視点での家計の収支管理としての家計管理を，長期的視点で家族のライフイベントや夢，目標を実現する手段を考えるツールとしての生活設計へと変貌させた．その背景には社会経済環境の変化がある．すなわち，この時代の長寿化や経済的豊かさの向上，高学歴化，ライフスタイル・ライフコースの多様化など，人生の選択肢が広がったことである．将来の夢や目標を実現させるという視点を現在に組み込んだことで，生活設計は，家計管理の短期的視点と，人生を見通すという長期的視点を同時にもつツールとなったのである．

そして，夢や目標は人それぞれ異なるものだが，多くの人に共通する生活課題として，次の3つをとりあげた．①マイホームブームのなかでの持ち家取得，②高学歴化のなかでの子どもの教育，③長寿化のなかで長期化する老後期間を自分らしく過ごすための資金準備．いずれも今でも重要な生活課題となっている．

ただ，これらは多額の資金を必要とするため，実現のためには，それらの時期の設定や，貯蓄や投資，長期のローンを組んでの借入，保険や年金，退職金，相続可能な資産なども考慮しつつ資金管理を考えること．あるいは，それらの実現

を阻むリスクとして，稼得者の死亡，疾病などによる収入途絶・減少リスクやそれらへの備えを考えることなどが必要となる．これらはなかなか大変な作業であるために，これらを前にすると，ほかの夢や目標，生活課題はかすみがちになる．

　さらに右肩上がりの経済成長と長期雇用を背景にして，家計収入が安定的に上昇したこともあり，生活設計は，右肩上がりの収入を前提として，将来必要な資金を算出し，3大生活課題の実現に向けて，長期的なスパンで資金管理を考えていくこと，ととらえられるようになった．

　しかしながら，1990年代半ば以降の雇用環境の変化，すなわち労働市場の流動性の高まりに伴う失業率，非正規雇用者割合の高まりは，それまであまり想定していなかった収入の途絶・低下リスク，非上昇リスクの高まりを家計に意識させた．一方，単身者の増加や一層の少子化，長寿化，離婚率の上昇など家族や世帯のあり方も多様化していて，いざというときに助け合える家族という生活保障ネットワークも不確かなものへと変貌している．

　多くの人にとっての生活課題はそのままに，個々人のリスクは多様化しているのである．このようななか，新たな社会経済環境に対応すべく，生活設計の枠組や考え方を再考することの必要性や，生活設計の戦略性が問われていることが指摘され，戦略的生活設計が提起された（藤田，1997，1998a）．

5.1.2　新たな視点の家計管理の時代へ

　戦略的生活設計を提起してから20年．今や人生90年，100年時代といわれる超長寿時代を迎えており，一層長期化する老後期間は，もはや老後を1つのライフイベントとしてとらえるだけではあまりに不十分となっている．一定の期間としてとらえ，さらに，仕事や健康状態などによっていくつかに区切り，比較的短期の期間ごとに夢や目標，働き方，住まい方，資金・資産管理，健康や介護，人間関係などの生活資源や生活リスクなどについて丁寧に考えなくてはならなくなっている．自身や家族の認知機能が衰えた後の住まい方や資産管理は社会問題としても浮上しており，必須の課題となっている．

　そして現在，第四次産業革命といわれるなかで，様々な分野における技術革新により，私たちの生活は大きく変わりつつある．家計管理の面でも，消費，投資，借入などのお金との付き合い方が，パソコンやスマートフォンなどのモバイル機器を通じて刺激的でスピーディーなものへと変化している．クラウドファン

ディングなど，相手の考え方への賛同を表したり，個人と個人をつなぐ投資が可能になり，新しい枠組みの事業が生まれている（第 11 章参照）．その一方で，あまりにも簡単にお金を動かせるようになっているために，自分のコントロールをこえて，自律的な意思決定プロセスが欠落した消費・借入行動をとってしまい，ついつい，自分の使用可能なお金には限りがあるということを忘れてしまうこともある．お金が流れるプロセスではどんなにキャッシュレス化が進んでも，最終的には自分の口座から支払先にお金が移行することに変わりはない．そして，お金がインターネットを通じて移行することで，ハッキングや個人情報の流出などのリスクへの対策も欠かせなくなっている．

　変化が激しく将来を見通しにくくなっている今，お金との関係もまた激変している．だからこそ改めて，第 3 章にあるような，家計管理の基本である，お金との関係，態度を含めた，お金の管理の方法を会得する重要性が高まっている．そして，お金の使い方も含めて，現在の選択が将来を決定していくということを意識する重要性もまた高まっている．そして何より，大きな環境変化によっても流されず，自分らしく生きるために，自分の現在や将来の生活を強く意識して，舵取りをしていく主体性を身につけなくてはならない．これらの視点や意識を育むためにも，生活設計の考え方を身につけることは有意義である．

5.2　生活設計の枠組み

　"生活設計を立てる" とは，実際には，どのような事柄を考えていくことなのだろうか．第 6 章では具体的な生活設計の例を紹介しているが，ここでは，生活設計の枠組みと構成要素について考えていく．

5.2.1　主　　体
　まず考えなくてはならないのは，生活設計の主体が誰なのかということである．基本的には自分，すなわち個人が主体となるが，家族の生活課題を主に考えたいときには家族が主体となる．

　とりわけ金銭・資産の管理・設計では，家族共有のものか個人特有のものかを区別することはきわめて重要となる．日常生活費については家族共有の金銭とみなされるが，ストックである金融資産，実物資産については家族間のやりとりで

5.2.2 時間軸

生活設計は，将来設計と思われがちで，確かにその部分は大きいのだが，現在の生活を考えることもまた，生活設計の大切な役割の1つである．どんなに将来の生活を描いても，現在の生活を把握せずには，描いた将来生活への現実的な道筋はみえてこない．そして，現在の生活を考えることは，過去から現在までの自分の積み重ねを見直すことでもある．その意味で，生活設計の時間軸は，過去-現在-将来となるのである（図5.1）．

たとえば，まず①現在の生活を客観的にみつめ，書き出してみる．趣味，興味のある事柄，能力，仕事，人間関係，お金など．このときに，過去を振り返ることで，これまで自分が目指してきたものや大切にしてきたもの，決別すべきものに気がつくことがある．

次に，②将来の生活を描いてみる．ここでの将来は，かなり先の将来でなくても，ほんの少し先の将来でもよい．大切なことは，そのときに，自分が望ましい，実現したいと思う将来生活の状態を描いてみることである．目指さなければ実現しない未来もある．自分が目指してみたいと思うことを明確にしてみる．

そして，③再び現在の生活の状況を概観して，②で思い描いた望ましい将来の生活と照らし合わせてみる．それにより，自分が望ましい，と考える将来の生活

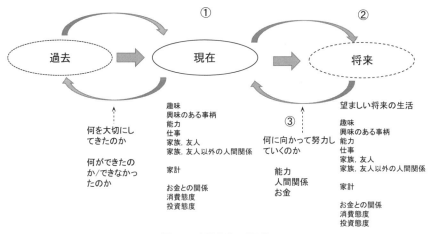

図 5.1 生活設計の時間軸

を実現するためには，何が必要なのか．その必要なものを得るために，現在何ができるのか，何をしなくてはならないのかという課題が浮かんでくる．または，足りない要素は他では代替できないのかを考えていく．

このように，過去，現在，望ましい将来，これらの時間軸を思考が行き来することは，今と将来をつなげて，将来への道筋を探していく作業である．この作業により，夢が単なる漠然とした夢から，目標となり，その実現のための課題が明らかになる．

5.2.3 時間のとらえ方・区切り方

生活設計は重要とはいえ，無制限な時間のなかで考え，作業をするわけにはいかない．そのときに可能な時間や集中力，環境のなかで，重点を置くものや期間を決めることも必要である．現在の生活を細かくチェックし，把握することに重点をおくのか，将来を考えることに時間と労力を割くのか．あるいは，将来を考えるとしても，かなり長期の将来を見通すのか，近い将来をじっくり考えていくのか．また，将来を描くといっても，ライフイベントを網羅的にとらえていくのか，特定の時期の特定のライフイベントをとりあげて，様々な生活領域別や特定の課題ごとにに考えていくのかなど，その時々に適していて，かつ可能な方法で行えばよい．

たとえば，住宅取得，子どもの教育，老後の経済的準備などの3つの生活課題を含めた様々なライフイベントについて，大まかな時期を設定して，必要資金の把握をしていく．あるいは，長期化する老後期間についてだけ，いくつかの期間に分けて働き方，必要資金，健康リスク，住まい方や介護などについて，年齢や家族の健康状態に応じて詳細に考えていく．

または，家族に介護が必要な者ができた場合，出産・子育てと仕事を両立する場合，収入が大きく低下した場合など，いくつかのとりわけ困難で多くの要素をじっくりと考えなくてはいけない場合をピックアップして，そのときの対処を細かく考えていくのもよいだろう．いずれにしても限られた時間のなかで，何を重点的に行うのかを状況に応じて選択していけばよい[注2)]．

大切なのは，今回行った生活設計の重点は何で，どの部分は行っていないのかを自覚していることである．時間軸，ライフイベント，領域などを把握し，書き出しておくこともよいだろう．

5.2.4 生活設計の3領域

ただ思いつくままに考えを巡らせても，肝心な点が抜けていれば意味がない．自分が何を考えていて，何を考えていないのか．何の思考を追加したらよいのか．それを理解するには，自分の思考の地図があると便利である．思考の整理のためにも，生活設計における3つの領域（図5.2）を考えるとわかりやすい（藤田，1998a）．その3つの領域とは，①自分や家族の生き方を考えるライフデザイン，②生活資源マネジメント，③生活リスクマネジメントの3つである（あくまでも，ライフデザイン，すなわち自分や家族の望ましい生活を実現するために，生活資源マネジメントや生活リスクマネジメントがある，という意味を込めて，ライフデザインは，ライフデザイン"マネジメント"とはしていない）．

a. ライフデザイン

ライフデザインは，自分や家族の生き方を考え，夢や目標を描いたり，見直し

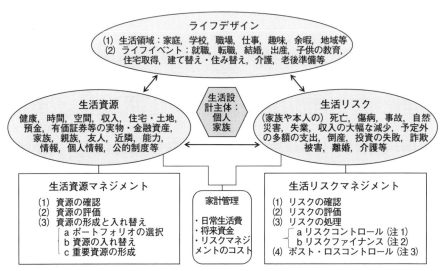

図5.2 生活設計の3領域の関係図（藤田，2001に加筆）

（注1）（発生すると損失が生じる）望ましくない出来事が発生する可能性や確率を抑えたり，損失の規模を抑えるための事柄．たとえば，病気という望ましくない出来事が発生する可能性を抑えたり，重症にならないために，食事や睡眠に気をつけたり，定期的に健康診断を受けることなど．

（注2）望ましくない出来事が発生した場合の損失を補うための経済的準備．①預貯金などや②保険での準備がある．たとえば，病気や怪我などで手術や入院が必要になった場合に備えて，預金をしたり保険に加入するなどの経済的準備．

（注3）実際に，損失をもたらす出来事が発生した後に，その報告や情報共有も含めて，さらなる望ましくない出来事が発生したり，さらに損失が拡大することを防ぐことなど．

ていく領域である．自分が何を望んでいるのか，何を大切にして，どのような生き方をしているのか，していきたいのか，家族はどうかなど，望ましいと考える生活，そしてそれを構成する要素である，家族，友人，働き方，住まい方，趣味などのバランスをみつけていく作業ともいえる．自分のことでも，なかなか思いつかない場合も多いが，それをみつけることは，生きがい探しにもつながる．

　もちろん，これを格別に意識しなくても，日常の時間は過ぎていく．それでも，日々のルーティンの生活のなかで，時折でも，答えがみつからなくても，自分に問いかけていくことは大切である．このライフデザインは，図5.1に示したように，過去−現在−望ましい将来，この時間軸の思考を含む．将来へ向けての積み重ねの方向性を決定していく作業といえる．

　そして，家族を生活設計の主体として考える場合には，家族間でコミュニケーションを重ねなくては家族のライフデザインはみえてこない．夢や目標次第では，家族のすり合わせは簡単にいかないこともあるだろう．それでも，コミュニケーションを重ねることで，なんとなく生活していただけではわからなかった，家族の思いや悩みがみえるとともに，1人では思いつかなかった解決策がみえてくることもあるだろう．

　個人を主体として生活設計を考える場合でも，家族と同居しているか否かを問わず，家族の住む場所，お金，子ども，兄弟，親，祖父母の問題など，すり合わせが必要なことも多々あるはずだ．

　自分や家族が，何を大切にしているのか，家族の何を応援し，何をサポートしていくのか・いけるのか．何を応援してほしくて，何をサポートしてほしいのかなど，時間がかかっても，コミュニケーションをとり，探っていくことが大切である．このライフデザインの領域がはっきりしていないと，人生の岐路に立ったとき，自分や家族にとって大切なものをうっかり捨ててしまうかもしれない．

b. 生活資源と生活資源マネジメント

　自分や家族が生活するうえで必要な生活資源には，収入，預貯金・有価証券・保険などの金融資産，土地や家屋などの実物資産，公的年金，勤務先企業の年金や退職金などこれらの経済的資源のほか，時間，家族，友人，能力（仕事や家事，育児，趣味，コミュニケーション力などの様々な能力），情報，個人情報，地域などの非経済的資源がある．生活資源マネジメントとは，これらの資源が自分や家族にどれだけ備わり，利用可能なのかという，いわば自分や家族の生活資

源のポートフォリオを確認し，社会制度を理解し，自分が大切にしたい資源，これから培っていきたい資源，培わなくてはならない資源，あるいは捨てる資源・捨てなくてはならない資源を考えていく領域である．進学のため，就職するうえで，家族のなかで，友人との関係で，仕事上の役割で，地域のなかでなど，その時々の役割や場面によって，有効な経済的，非経済的な生活資源の組み合わせとしてのポートフォリオは異なるし，時間の経過とともにも変わっていく．

そして，今の自分や家族の持つ生活資源をライフデザインと照らし合わせた場合に，どのような資源を，どれだけ積み増し，入れ替えていけば，望ましい生活，満足する生活像に近づけるのかなどを考えていく．その可能性と実現性次第では，ライフデザインとして描いた将来を実現していく時期やその規模などの修正も必要になるかもしれない．

ライフデザインを，思いのままに描いているだけでなく，詳細なプランニングに基づいて実現させていく段階になったときには，この生活資源マネジメントの出番となる．ライフデザインが変わる場合は，それを実現するための生活資源のポートフォリオも変わっていくし，変えなくてはならない．

ここで能力や家族や友人などの人的ネットワーク，情報などの非経済的資源を生活資源としてあげているのは，これらが，望ましいと考えるライフデザインを実現するために必要不可欠な要素となることが多いであろうこと．そして，能力，情報，お互いに信頼し，支え合える人間関係などは，いざというときに頼ることができる，経済的資源の代替資源としての効果もあること．そして能力などに限らず，家族や友人などの人的ネットワークにおける信頼関係もまた，その関係性を培い，お互いに支え合えるような関係性を構築するには，時間や意識的な努力が大切であるということ．これらを自覚すべきと考えるからである．経済的資源に比べて明確に管理することは難しいが，それらの重要度や不足度がわかるようにしておくとよいだろう．

c. 生活リスクと生活リスクマネジメント

この領域では，前述のライフデザインや，生活資源とそのマネジメントを脅かす様々な生活リスクを洗い出し，その準備や対処方法について考える（詳しくは第9章，第10章参照）．

たとえば，生活リスクには，傷病老死，怪我，事故，火災などのリスクのほか，失業などの稼得リスク，資産リスク，破産リスク，また，IoTが進むなかで

5.2 生活設計の枠組み

のハッキングや個人情報漏洩のリスクなどがある．そして，これらに対するリスクマネジメントのプロセスは，まず，①リスクの確認を行うことがが必要となる．どのようなリスクがあるのか，リスクを洗い出していく．②そして次に，それらのリスクについての評価を行う．それぞれの，望ましくない事柄が発生する可能性を検討し，それらによる自分や家族への影響の大きさや深刻度を考えてみる．同じリスクでもいくつかの局面を想定することも有効である．そのうえで，③リスク処理として，対処すべきリスク，対処可能なリスクを選び，どのように対処していくかを決めていく．このとき，対処できない残存リスクを意識することも大切である．

③のリスク処理には，大きく2つの手段がある．1つは，(a) リスクをコントロールする，すなわち，様々な望ましくない出来事が発生する可能性を抑えたり，自分や家族へのマイナスの影響を小さくするための行動や行為を考えることである．たとえば，病気にならないように，食事に気をつけたり，定期的な運動を取り入れたり，定期的に健康診断を受ける．そして異常を感じたら早めの受診を心がけることもまた，リスクをコントロールすることである．

そしてもう1つは，(b) 対処すべきとしたリスクについて，預貯金や保険などの経済的な面で備えるのか，備えるのであれば，どの程度の備えにするのかを考えていくリスクファイナンスの作業である．たとえば，ある程度の預貯金の金額を，様々なリスクへの共通の備えとして確保する．そして，多種多様な保険がある家族の疾病，地震，火事などのリスクについては，それぞれ保険に加入することにする．その場合，その際の保険料や保障額についても，そのときの自分や家族の状況や，家計の状況を鑑みながら決定していく．時折，それらを見直していくことも必要である．

上記の①～③までをリスクマネジメントとしてとらえる見方もある．しかし，どんなにリスクを抑えても疾病や事故，災害などの災難やアクシデントに見舞われることはある．想定外の出来事や事前に対処できない事柄に見舞われることもある．その場合に，慌ててさらなる被害を招かず，できるだけそのダメージを小さくし，その状況からの回復を図ることが肝要である．それが④ポスト・ロスコントロール[注3]である．災難にあった"事後"に冷静に状況を分析し，対処する行動である．災難やアクシデントに直面したときの情報提供や情報共有もときには必要である．あらかじめ，いくつかの行動指針を決めておくことも大切だろう．

そしてこの①〜④のリスクマネジメントは，単にリスクへの対処というだけにとどまらない．リスクを考え，分析し，そのマネジメントを考えておくことで，何かにチャレンジするときに，必要以上にリスクに怯えることなく，リスクをとっていく部分，それができる部分を判断して，チャレンジの可能性を考える手段にもなりうる．生活資源に投資をし，ライフデザインでチャレンジをしていくことを後押しする面もある．リスクを負わなくてはならない場面でも，無謀なチャレンジではなく，覚悟を伴ったチャレンジができるように考える領域でもある．

5.2.5　生活リスクマネジメントの資源

5.2.4項cであげたリスクファイナンスとしての預貯金や保険は，生活資源のうちの経済的資源である．また，5.1.1項で述べたように，収入が途絶えたり，大きく低下したり，上昇しないという収入リスクへの対処として有効な手段と考えられる仕事の能力の向上や仕事の信頼を高めることは，生活資源のうちの非経済的資源を補強，強化することでもある．すなわち，生活リスクマネジメントでは，5.2.4項bであげた，生活資源のうち，経済的・非経済的，人的資源・非人的資源などあらゆる生活資源を総動員して考えることが有効となる．それは，ライフデザインを実現する場合と同様である．

実際，2012年に実施した生命保険文化センターの「生活設計に関する調査」では，収入が途絶したり，大きく低下した場合，当面の対処として，「ほかの家族の収入（無職の家族が働き始めた，ということも含めて）」「保険の解約・貯蓄の取崩し」「借入」「保険」「親族・友人知人からの援助」などでの対処が行われている（図5.3）．これをみると，経済的資源である，お金のほか，稼ぐことのできる家族やいざという時に借金ができるネットワークなども，リスクマネジメントにとって大切な資源であることがわかる．

このように，生活リスクマネジメントは，生活資源をリスクマネジメントの側面から見直し，必要であれば再構築して，いざという場合に，速やかに対処できるようにするという面があるといえるだろう．

そして，生活資源マネジメントと生活リスクマネジメントは，5.2.4項aのライフデザインを実現していくための下位のマネジメントでもある．自分や家族の望むライフデザインを実現するための生活資源マネジメントであり，生活リスクマネジメントなのである．

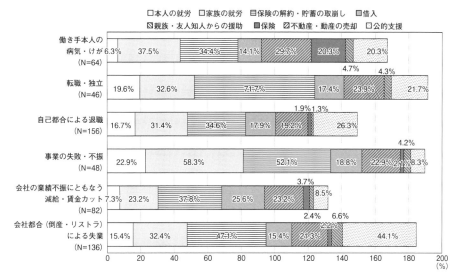

図 5.3 最も深刻な収入リスクに直面したときの当面の手当
「当面の手当」の回答は複数回答.
出所：生命保険文化センター「生活設計に関する調査」.
2012 年 11 月に実施．首都圏 40 キロ圏内の 18～74 歳の男女個人，2166 人．

しかし，ライフデザインが，生活資源マネジメントと生活リスクマネジメントの上位にあるからといって，必ずしも，生活設計をライフデザインから始める必要はない．3 つの領域は，どこから始めてもよい．下位のマネジメントを考えながら，ライフデザインがみえてくることもある．さらに，いつも生涯を見渡して，と長期の時間軸で考える必要もない．一つのライフイベントを乗り越えないとみえてこない将来もある．短期か長期かの時間軸も含めて，自分ができる範囲，必要な範囲で考えていけばよい．そして，次に生活設計を考えるときの目安となるように，自分なりの生活設計図を作り，次々と書き足し，修正していけばよい．

5.3 生活設計の意味とトレーニングスキル

5.3.1 羅針盤としての生活設計

今も将来も，できるだけ自分の満足する部分が多くなるように過ごすためには，今が不安定で，将来が不確実であればあるほど，自分の人生の羅針盤がある

と役に立つ．ただし，欲しいものや持っているもの，幸せや満足を感じる基準が人それぞれ異なるように，自分の羅針盤は，自分のオリジナルでなければ意味がない．自分で修理をし，手入れをしていく必要がある．

その羅針盤を作っていくことが「生活設計」であり，それは，（よく間違われるが）将来必要なお金の計算をすることとイコールではない（必要で重要な要素であるが）．自分や家族の思いを見据えて，勇気を持って現実をみつめ，手探りでも望ましい将来への視座を持ち，一歩でも先の夢や目標を持ち，それを実現させるプロセスを探っていくことが生活設計の本質である．

5.3.2 思考のスキルとしての生活設計

羅針盤は手入れが必要であり，思わぬ事態に遭遇したり，方向転換を余儀なくされるときには，羅針盤自体の変更も必要である．しかし，いつでも，どのような状況下でも簡単に自分の羅針盤を作れるとは限らない．目指す将来が描けても，今という現実をみつめなければ，現在位置を定められない．そして今をみつめる作業は，これまで自分が何を成し遂げられなかったのか，何を持っていないのか，何を失ったのかなど，これまでの失敗や自分のいたらなさを後悔とともにみつめなければならないこともあり，辛さを伴う場合もある．失敗して後悔し，落胆している状況下では尚更である．

ただ，困難な状況でこそ，現実をみつめて，そこから脱却し，方向転換する方法を考えることが大切である．様々なリスクが高まっている昨今の環境下においては，希望に満ちた生活課題だけでなく，失望に満ちた現実の課題にも目を向けられなければ，真に有意義なツールとはいえない．

失敗し，失望したときにその状況に適した生活課題に向きあうことは大切でありながら，難しい．しかし，生活設計は思考のスキルであり（藤田，1998a，2002），困難な状況に直面していないときに，そのような困難な状況下において必要なことや，役立つ思考のポイントについて，少しでも考えたり，身につけたりする機会があるとよいだろう．“スキル”であるからには，トレーニングの対象であり，鍛えればその方法が身につき，洗練されていく．生活設計もそうしたスキルの1つである．

そのトレーニングにおいて提供される題材は，必ずしも本人の実情と一致している必要はない．いつ，どのような状況に直面するかは不確実である．様々なパ

ターンを想定した思考の経験を積むことの方がトレーニングとして有効である．むしろ今，どのような考え方の指針，訓練の材料があるのかを考えていく必要がある．

　生活設計は，自分や家族の所有する生活資源だけでは成り立たない．地域や社会で共有した方がよいものもある．公的機関，公共エリア，地域の公園や活動の場など，所有するのではなく，利用するもの，いわゆる共有財も重要な資源である．生活設計のトレーニングを通じて，私たちの生活を支える制度や社会的資源として必要なもの，変更した方がよいものなどへの視座もまた養われれば，多くの人とその意識を共有することができるようにもなる．

5.4　主体の形成と生活設計

　生活設計を立てるということは，己の状況を客観視し，行動を系統立てて考え，コントロールするきっかけになる．御船美智子は，自分が，自分の人生の主役となるためには，生活の主体であることが必要であるとした．自分で意識して様々なことを選択し，決定していく自己決定力と，その結果に責任を持つという自己責任を重視したのである．そしてそれを形成するきっかけや認識を高めることに生活設計が有効であると指摘した（御船，1998）．生活設計をすることで，生活主体になっていくとしたのである．

　5.2.1項の生活設計の主体には，御船のいう生活主体としての意味づけはしていない．しかし，生活設計を考えていく，ということは，単なる主体が，様々なケイパビリティを身につけて，生活主体へとエンパワメントすることなのかもしれない．

　今や，私たちの様々な行動はネットを通じて収集され，ビッグデータを形成する．その分析により，新しい個人の属性も生まれているという．たとえば，個々人の購買行動などから，その人の嗜好ばかりでなく，過去の支払実績により，信用力が形成されているという．従来の年齢や性別，職業，年収などとは異なる，ネットで形成される新しい個人の属性といえる．しかし，ネットを通じて収集される個人のデータは，それらの個人情報を利用する相手にとって有用な要素で構成される．その個人情報に，私たちは自分の情報ながら，アクセスすることはなかなかできない．その一方で，個人情報も人権の一つであるという意識も生まれ

ている．個人情報は，生活の主体が，意識し，マネジメントすべき新たな要素となっている．

前述したが，刺激的で変化の激しい時代，そして様々な情報が様々な媒体を飛び交うなかで，自分のいる場所，置かれている環境がみえなくなりがちである．しかし，あきらめずにそれらをマネジメントする必要性はますます強まっている．手段や中身は多少変わっても，学び，考えていくことの重要性は変わらないはずである．主体性を持った生活設計能力，専門家による相談の場の構築なども含めて，その重要性が高まっているのではなかろうか．　　　　〔藤田由紀子〕

注
1) 婚姻費用の分担については，民法第760条「夫婦はその資産，収入，その他一切の事情を考慮して，婚姻から生ずる費用を分担する」．一方，財産関係については，婚姻の届出前に，別段の契約をしなかったときは，第762条「夫婦の一方が婚姻前から有する財産及び婚姻中自己の名で得た財産は，その特有財産（夫婦の一方が単独で有する財産をいう）とする」「夫婦のいずれに属するか明らかでない財産は，その共有に属するものと推定する」とある．
2) 生活のシーン別に考えるのも有効であろう．たとえば，家計，家族関係，趣味，仕事，ボランティア，健康，住居，資産，夢，など．あるいは，様々な困難な事柄が発生する場面として，収入が大幅に低下したとき，失業したとき，子育て期間の働き方，病気になったときの働き方，転勤になったとき，親の介護が必要になったとき，自分の親が1人になったとき，配偶者の親が1人になったとき，自分が1人になったとき，退職後の働き方など，いくつかの場合を想定して，考えてみるのも一案であろう．
3) 昨今増えつつある大規模な自然災害のように，人や組織がこれまで経験してこなかったような危機的状況に直面した後に，その状況から脱するためのマネジメントとして，クライシスマネジメントという概念がある．リスクマネジメントに含まれる概念だが，特に危機的な状況からの回復として，初期対応，緊急対応，平常対応といった一連の対応により回復を目指すものである．

文献
今井光映・山口久子編著（1971）『生活設計論』，ミネルヴァ書房．
岩田昭雄（2019）『キャッシュレス覇権戦争』，NHK出版．
大久保孝治編著（1994）『生活学入門』，放送大学教育振興会．
カーネマン，ダニエル著，村井章子訳（2018）『ファスト＆スロー——あなたの意思はどのように決まるか？—（下）』，早川書房．
坂井隆之・宮川裕章（2018）『AIが変えるお金の未来』，文藝春秋．
重川順子（2016）『生活経済学』，放送大学教育振興会．
シュワブ，クラウス著，世界経済フォーラム訳（2016）『第四次産業革命』，日本経済新聞出版社．
生命保険文化センター編，今井光映・阿部喜三監修（1987）『新・生活設計』，日本放送出版協会．

生命保険文化センター（2014）『生活設計の今日的課題と今後のあり方』.

橋木俊詔編著（2001）『ライフサイクルとリスク』，東洋経済新報社.

橋木俊詔他編（2007）『リスク学入門 1 リスク学とは何か』，岩波書店.

友野典男（2006）『行動経済学—経済は「感情」で動いている—』光文社.

藤田由紀子（1997）「生活設計・再考」，『JILI FORUM』，No.7.

藤田由紀子（1998a）「多選択肢時代の生活設計を考える—リスクとチャンスのマネジメントの
　視点から—」，『JILI FORUM』，No.8.

藤田由紀子（1998b）「生活設計における新たな課題—リスクマネジメント—」，『JILI
　FORUM』，No.8.

藤田由紀子（2001）「リスクと生活設計」，『現代社会の生活経営』，光生館.

本間博文（1994）『高齢社会の生活設計』，放送大学教育振興会.

御船美智子（1996）『家庭生活の経済』，放送大学教育振興会.

御船美智子（1998）「生活設計の複合性と相対化—生活主体形成への展開—」，『JILI FORUM』，
　No.8.

宮道　潔（1996）『リスクマネジメントと保険』，税務経理協会.

森宮　康（1985）『リスク・マネジメント論』，千倉書房.

第6章 生活を設計する②

本章は，第5章で学んだ生活設計の考え方に基づき，生活設計と家計管理の密接な関係性を考慮する．その際，金融ケイパビリティという枠組みを用い，家計管理における生活設計の具体的な内容を示し，実現のための方法を提示する．

6.1 生活設計と金融ケイパビリティ

金融ケイパビリティという概念は，金融リテラシーに類似する概念として存在する．金融リテラシーが主に知識を扱うのに対して，金融ケイパビリティは，知識，態度や行動のみならず，社会経済環境との相互作用を含めたものである（神谷，2016）．イギリスに端を発した金融ケイパビリティの構造を図式化したものが図6.1である．個人の経験と環境が①金融知識と理解，②スキル，③自信と態度の3項目に影響を与え，さらにこの3項目は行動を決定づけているという（伊藤，2012a）．③自信と態度は個人のパーソナリティにも関連し，図6.1に示したすべての項目が，金融に関する情報環境のなかで機能している．金融ケイパビリティの構成要素を精査した結果，日本における金融行動に関わる金融ケイパビリティは，①日々と月次および年次の家計管理を行い，②短期中長期の計画をあらかじめ立て，③金融商品や経済事情についての知識を得て理解するという狭義の金融リテラシーを身につけ，④必要な情報とアドバイスを得つつ，⑤貯蓄・運用・ローン・保険に関する金融商品の適切な選択と管理を行うという5つの段階

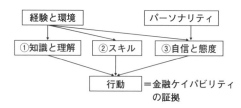

図6.1 金融ケイパビリティの構造モデル（伊藤，2012a, p.44の図1を一部改変）

に分けられる（伊藤，2012a）．②の短期中長期の計画をあらかじめ立てることとは，第5章で学んだ生活設計を行うことを意味する．生活設計とは，社会経済環境や自分自身の変化を受け，幾度にわたる修正をされるものであるが，そのことは，社会環境との相互作用のなかに存在する金融ケイパビリティを獲得することと同義である．本章では，より具体的に家計に着目した生活設計について考えてみよう．

6.2　生活資源としてのお金—人生の三大資金—

第5章では生活設計の3領域の中に生活資源マネジメントがあることを学んだ．ここでは様々な生活資源のなかの1つであるお金に着目する．生活設計を行う際に金銭をどのように検討したらよいかを，人生の三大資金と呼ばれている「住宅資金」「教育資金」「老後資金」のそれぞれから考慮していきたい．まずは現状を把握する．

6.2.1　住宅資金

住宅は私たちの生活の基盤である．雨や風，寒さや暑さをしのぐ物理的空間であると同時に安心に暮らすという精神的安定を与える場所でもある．住む家を確保すること，すなわち，どこにどのように住まうか（住宅を購入するのか，賃借するのか）の決定は，人々の生活様式を大きく規定する重要なライフイベントである．まずは，持ち家率について現在と過去を比較してみよう．

図6.2は1973年から2013年の40年間の持ち家と借家数，持ち家率の推移を示したものである．この40年間で持ち家件数は1700万件から3216万件と1.9倍に増加した．借家は1200万件から1800万件で1.5倍である．持ち家率は1973年と1993年が60%を下回ったものの，おおむね全国平均は60%程度を推移している．しかし，都道府県別に持ち家率をみると，地域で違いが大きいことがわかる．表6.1は都道府県別の持ち家率ランキングを示したものである．第1位は富山県で79.4%，最下位は東京都で45.8%となった．持ち家率の地域差は，後述する住宅購入資金の地域差とも関連している[注1]．

表6.2は家計を主に支える者の年齢別持ち家率である．2013年では，30代後半で持ち家率は上昇し，46.0%が持ち家となる．年代をさかのぼってみると，

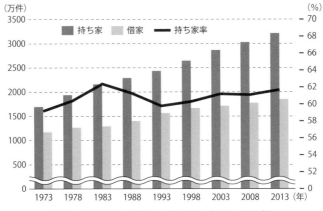

図 6.2 持ち家数，借家数，持ち家率（1973～2013 年）
「平成 20 年住宅・土地統計調査の解説」に「平成 25 年住宅・土地統計調査結果」を加筆．

表 6.1 都道府県別持ち家率ランキング（2013 年）

順位	都道府県名	持ち家率(%)	順位	都道府県名	持ち家率(%)
1	富 山 県	79.4	38	広 島 県	62.6
2	秋 田 県	78.1	39	京 都 府	60.8
3	山 形 県	76.7	40	愛 知 県	58.7
4	福 井 県	76.5	41	神 奈 川 県	58.6
5	新 潟 県	75.5	42	宮 城 県	58.0
6	和 歌 山 県	74.8	43	北 海 道	57.7
7	岐 阜 県	74.5	44	大 阪 府	54.2
8	奈 良 県	73.8	45	福 岡 県	53.8
9	三 重 県	73.2	46	沖 縄 県	48.0
10	長 野 県	73.0	47	東 京 都	45.8
⋮	〰				

総務省統計局（2013）「平成 25 年住宅・土地統計調査」より作成．

1993 年以前では 30 代後半で持ち家率はすでに半数を超えていた．時系列比較から，家を持つ者の年齢が高くなっていることがわかる．

　次は，住宅にかかる費用を検討しよう．表 6.3 は 2016 年度「住宅市場動向調査」結果を示したものである．住宅購入資金は，注文住宅（土地から購入）が平均 4194 万円，分譲戸建が平均 3810 万円，分譲マンションが平均 4423 万円，中古戸建が 2693 万円，中古マンションが 2656 万円であった．それぞれの住宅につ

6.2 生活資源としてのお金—人生の三大資金—

表6.2 家計を主に支える者の年齢別持ち家率（1983〜2013年）

(単位：%)

年齢	1983年	1988年	1993年	1998年	2003年	2008年	2013年
25〜29	24.8	17.9	13.0	12.6	12.6	11.5	11.3
30〜34	45.5	38.3	31.6	29.0	28.9	29.8	28.7
35〜39	59.8	56.6	51.9	48.6	46.8	46.0	46.0
40〜44	68.2	66.0	64.2	62.4	60.8	57.7	55.8
45〜49	73.1	71.7	70.1	69.7	69.1	66.7	62.6
50〜54	77.0	75.1	73.8	73.2	73.2	72.4	68.8
55〜59	80.1	79.3	77.1	76.7	76.7	75.9	73.9
60〜64	78.3	80.3	79.9	79.2	78.9	78.8	77.5
65〜69	76.1	77.4	79.8	81.2	79.7	79.9	79.7
70〜74					80.4	80.1	80.2
75以上		75.5	77.5	79.4	80.3	80.9	81.5

出所：総務省統計局(2013)「平成25年住宅・土地統計調査」付表3-3.

表6.3 住宅購入資金，自己資金，借入金，自己資金比率などの平均（2016年度）

	注文住宅	分譲戸建	分譲マンション	中古戸建	中古マンション
購入資金（万円）	4194	3810	4423	2693	2656
自己資金（万円）	1298	1027	1729	1157	1293
借入金（万円）	2896	2783	2694	1536	1363
自己資金比率（%）	30.9	27.0	39.1	43.0	48.7
住宅ローンあり世帯（%）	55.8	65.1	64.4	53.9	48.7
住宅ローン減税制度利用世帯（%）	90.8	82.6	80.9	73.3	62.3
返済期間（年）	建築31.1 土地32.0	31.2	30.7	26.1	26.8
年間返済額（万円）	142.0	116.3	137.3	94.9	98.9
世帯年収に占める返済負担率（%）	22.7	19.2	18.0	18.9	15.7

国交省（2016）「住宅市場動向調査報告書」p.24, 26, 27の図を改定.

　いて，自己資金が最も多かったのは，分譲マンションで1729万円，次いで注文住宅の1298万円，中古マンションの1293万円と続く．自己資金が購入資金のどれほどの割合を占めているかを自己資金比率でみると，最も高かったのは中古マンションで48.7%であった．一方，分譲戸建の自己資金比率が最も低く27%と

なっている．借入金が最も多いのは注文住宅の 2896 万円であった．中古戸建，中古マンションの借入金は 1000 万円台となっている．

借入金（住宅ローン）について，上述した住宅ごとに住宅ローンを組んだかどうかをみてみると，分譲戸建は 65.1％の世帯が住宅ローンありと回答し，最も比率が高かった．中古戸建，中古マンションだと住宅ローンあり世帯は約半数と減少する．住宅ローンあり世帯で住宅ローン減税制度を利用しているのは，注文住宅が最も多く，9 割の世帯が利用していた．返済期間については，中古戸建，中古マンションだとそれぞれ 26.1 年，26.8 年と 30 年以下である．それ以外は30 年以上の返済期間でローンを設計している．年間返済額は注文住宅が 142 万円と最多で，世帯年収に占める返済負担率も 22.7％と高い．

6.2.2 教育資金

教育は人間が自立し，豊かで幸福な人生を送るために重要な資源である．教育資金に関しては，その負担の大きさがしばしば問題視されてきた．2015 年に実施された第 15 回出生動向基本調査（社会保障・人口問題研究所）によると，夫婦の理想的な子ども数（理想子ども数）の平均は 2.32 人，実際に持つ予定の子どもの数（予定子ども数）の平均は 2.01 人でともにこれまでの調査のなかで最低の値となった．予定子ども数が夫婦の理想子ども数を下回る理由として最も多かった回答は「子育てや教育にお金がかかるから」で全体の 56.3％を占めた．教育資金は，子どもを持つ際に懸念される事柄となっている．では，夫婦は子どもにどの程度の教育を与えたいと考えているのか．同調査によると，大学教育までが最も多い（男の子 71.5％，女の子 57.3％）．本調査を時系列で比較すると，男の子に大学教育を受けさせたい夫婦の意思に大きな変化はないが，女の子については，大学教育を受けさせたいとの回答は約 20 年前の第 10 回調査（1992 年）では 34.3％で，2015 年と比較すると 20 ポイント以上の差があり，女の子の教育に対する親の意識が高学歴志向に変化したことがわかる．現状の大学進学率は図6.3 のようになっており，2018 年の女性の大学進学率は 50.1％，男性が 56.3％である．

教育資金の現状をみていこう．図 6.4 は幼稚園から高校までのそれぞれにかかる教育費用の総額である．公立と私立で費用に差があるが，最も差が大きいのは小学校である．公立小学校の場合は 6 年間で 183 万円，私立小学校の場合は 6 年

6.2 生活資源としてのお金—人生の三大資金—

図 6.3　大学進学率の推移（1954～2018 年）
注）大学（学部）への進学率（過年度高卒者などを含む）とは，大学学部入学者数（過年度高卒者などを含む）を 3 年前の中学校卒業者数で除した比率である．
文部科学省『学校基本調査』各年より作成．

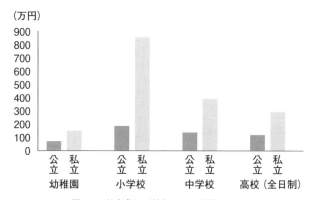

図 6.4　教育費用（幼稚園から高校まで）
文部科学省「子供の学習費調査（平成 24 年度)」をもとに作成．

間で 853 万円である．

　大学の 4 年間でかかる費用については表 6.4 に示した．国公立大学に自宅から通う場合であっても，4 年間の合計費用は 500 万円を超える．自宅外から通う場合は，仕送りなどを含めると 4 年間で 1000 万円以上かかる．

表 6.4　大学 4 年間でかかる費用の目安

(単位：万円)

区分		入学費用	在学費用 (年額)	自宅外通学を 始める費用	仕送り	4 年間合計
国公立	自宅	83	107	—	—	511
	自宅外	—	—	45	118	1028
私立	文系 自宅	104	147	—	—	692
	文系 自宅外	—	—	45	118	1209
	理系 自宅	110	169	—	—	788
	理系 自宅外	—	—	45	118	1304

出所：豊田眞弓「学び続けるための教育資金―教育資金の事前準備と奨学金―」『くらし塾 金融塾』
2015 年夏号.

6.2.3　老後資金

　老後資金をどれほど準備しておくかは，寿命の伸びや社会保障の問題と大きく
関連している．日本人の平均寿命は毎年伸び続け，2017 年では男性 81.09 歳，
女性 87.26 歳となっている（表 6.5）．簡易生命表の生存率をみてみると，90 歳
まで生存する人は，男性では 4 人に 1 人，女性では 2 人に 1 人の割合となってお
り，今後，この割合が減ることはないだろう．老後資金は定年退職の前に準備す
るものであると考えられるが，企業の定年制度も変化している．2015 年に労働
政策研究・研修機構が実施した「高年齢者の雇用に関する調査」によると，定年

表 6.5　平均寿命の年次推移

(単位：歳)

年	男性	女性	男女差	年	男性	女性	男女差
1955	63.60	67.75	4.15	1995	76.38	82.85	6.47
1960	65.32	70.19	4.87	2000	77.72	84.60	6.88
1965	67.74	72.92	5.18	2005	78.56	85.52	6.96
1970	69.31	74.66	5.35	2010	79.55	86.30	6.75
1975	71.73	76.89	5.16	2015	80.75	86.99	6.24
1980	73.35	78.76	5.41	2016	80.98	87.14	6.16
1985	74.78	80.48	5.70	2017	81.09	87.26	6.17
1990	75.92	81.90	5.98				

注 1）2015 年前は完全生命表による.
注 2）1970 年以前は，沖縄県を除く値である.
厚生労働省「平成 29 年簡易生命表」より作成.

のない企業も現れ始めている．しかしながら，約8割の企業が定年を60歳，1割の企業が定年を65歳としている．ただし，5割の企業が，希望があれば企業の基準に該当した65歳以上の人は働くことができるとしており，高齢者の就労継続は今後さらに増加すると考えられる．

　高齢期の生活を家計収支から把握してみよう．図6.5は高齢夫婦無職世帯の1カ月の収支である．実収入は約22万円で，その9割が社会保障給付である年金によって支えられている．消費支出は約23万5000円，非消費支出が約3万円で，支出合計は26万5000円ほどとなっている．収入が支出を下回り，毎月4万

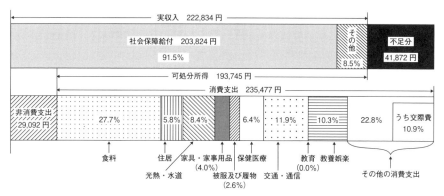

図6.5　高齢夫婦無職世帯の1カ月平均家計収支（2018年）
注1）高齢夫婦無職世帯とは夫65歳以上，妻60歳以上の夫婦のみの無職世帯．
注2）図中の「社会保障給付」および「その他」の割合（％）は実収入に占める割合である．
注3）図中の「食料」から「その他の消費支出」までの割合（％）は消費支出に占める割合である．
出所：総務省統計局「家計調査報告　家計収支編―平成30年（2018年）平均結果の概要について―」，p.18.

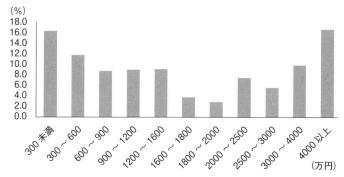

図6.6　世帯主が65歳以上の世帯の貯蓄総額の分布
出所：総務省統計局（2018）「家計調査」．

円程度が不足している．不足金は，老後資金から賄われることになる．図 6.6 に世帯主が 65 歳以上の世帯の貯蓄総額分布を示した．貯蓄額 300 万円未満の世帯が 13％ ほどある．4000 万円以上の世帯は約 18％ であるが，半数の世帯の貯蓄総額は 1600 万円に満たない．

6.3　生活を設計してみよう

6.3.1　生活設計表を作成してみよう

OECD の「金融教育に関する国際ネットワーク」が作成した「金融教育のための国家戦略に関するハイレベル原則」によれば，金融教育は個人ないしコミュニティに対し，その生涯のなかの「教えるのに適した瞬間」（teachable moments）に行われることが望ましい（伊藤，2012b）．この「教えるのに適した瞬間」とは，人々がライフイベントに直面しているときや今後の生き方を考え，意思決定が必要なときであろう．すなわち，生活設計を考える必要があるときが，金融を教わり，学ぶのに適したときなのである．ライフイベントは人によって異なり，その重要性もそれぞれであるが，多くの人に共通するライフイベントもある．たとえば，学校卒業，就職，結婚，出産，子育て，親の介護，退職といったものである．前章で説明したように，まずは時間軸のなかに自分にとって重要だ

表 6.6　A さんの生活設計表

西暦		2018		2027	2028	2029	2030	2031	2032	2033	2034	2035	2036	2037	2038	2039	2040	2041	2042	2043	2044
家族	私	22		31	32	33	34	35	36	37	38	39	40	41	42	43	44	45	46	47	48
	配偶者	22	~	31	32	33	34	35	36	37	38	39	40	41	42	43	44	45	46	47	48
	子ども								1	2	3	4	5	6	7	8	9	10	11	12	13
ライフイベント		就職		結婚			マンション購入	子ども誕生							子ども小学校入学						子ども中学校入学

西暦		2045	2046	2047	2048	2049	2050	2051	2052	2053	2054	2055	2056	2057	2058	2059	2060	2061		2096
家族	私	49	50	51	52	53	54	55	56	57	58	59	60	61	62	63	64	65		100
	配偶者	49	50	51	52	53	54	55	56	57	58	59	60	61	62	63	64	65	~	100
	子ども	14	15	16	17	18	19	20	21	22	23	24	25	26	27	28	29	30		65
ライフイベント				子ども高校入学	親の介護始まる		子ども大学入学				子ども就職							定年退職		100歳

と思うライフイベントを位置付けてみよう．ここでは事例としてAさん（2018年現在，22歳，社会人）の生活設計表（表6.6）をあげるが，生活設計はその人の人生の夢や価値観を明確にしていくためのツールであるので，就職せずに起業する人もあるだろうし，結婚せずに独身を選ぶ人もあり多様なライフイベントが存在するだろう．ここで重要なのは，自らが大切にしたいものは何か，どのような生き方を望むのかを考えることである．

6.3.2 現在から将来を考える

ライフイベントを表上に記したら，それぞれのライフイベントにかかる費用を検討していこう．ここではAさんの例を用い，先述した人生の三大資金を取り上げ，まずは現在から将来を考える．

a. 住宅資金

Aさんは31歳で結婚し，3年後の34歳でマンションを購入することを計画している．配偶者は同年齢でともに暮らしている予定であるが，マンション購入にはいくら必要だろう．先に説明した表6.3を参考にして考えてみよう．分譲マンションの購入資金は4423万円（自己資金1729万円），中古マンションは2656万円（自己資金1293万円）であり，これを目安として新築分譲マンションか中古マンションかを検討するが，どちらにするかによって準備する資金に大きな違いがあることがわかる．新築，中古のいずれにしても購入前に自己資金として1000万円以上が一般的に必要である．自分や配偶者の職場との距離や転居の可能性などを考慮し，購入せずに賃貸を続けるという選択肢もあるだろう．賃貸住宅の場合，家族人数の増減に合わせて広さを選ぶことが可能であることや，自由に住み替えが可能であるといったメリットがある．

b. 教育資金

Aさんは35歳で子どもを出産することを計画した．子どもには大学まで教育を受けさせたいと考えている．子どもが大学を卒業するのはAさん夫婦が58歳のときである．図6.4と表6.4のデータを用い，幼稚園から高校までを公立，大学を国公立で自宅通いとして計算すると総額で約1014万円，幼稚園から大学（文系，自宅）までをすべて私立で計算すると総額で約2370万円が必要となる．共働きをするつもりであるので，子どもが小学校に通うまでの間の保育費用も必要となるだろう．保育費用はこれまでは，年収と地域によってかかる費用が異な

ったが，2019 年 10 月から，子ども・子育て支援新制度によって 3 歳児から 5 歳児と住民税非課税世帯の 3 歳未満児の幼稚園，保育所，認定こども園などの利用料が無料となる．ただし，通園送迎費，食材料費，行事費などは保護者の負担となっている．お稽古ごとや塾に通わせたい場合はさらに費用が必要となる．

c. 老後資金

A さんが定年退職する予定の 65 歳以降の夫婦の生活にはいくら必要となるであろうか．A さん夫婦は同時に定年を迎える．その頃には子どもは大学を卒業し，すでに就職している予定であるので，子どもにかかる教育費の支出は終了し，住宅購入から 30 年以上が過ぎている．住宅ローンの返済が完了していれば，夫婦の生活費のみを考慮すればよいだろう．図 6.5 で示したように，現在の高齢者世帯では支出合計が 26 万 5000 円ほどである．これを毎月賄える資金が必要となる．A さんが定年退職する 2060 年代の年金支給額がいくらになるかにもよるが，年金支給年齢が現在の 65 歳から 70 歳に移行することは確実だと思われる．また，退職する年齢も現在より高齢化すると考えられる．

図 6.5 を参考にすると，高齢者世帯の受け取る社会保障給付費（年金）20 万 3824 円から消費支出 23 万 5477 円と非消費支出 2 万 9092 円を差し引くと毎月 6 万 745 円が不足している．したがって，妻が現在の平均寿命の 88 歳まで生きると考えると，65 歳定年時には 6 万 745 円× 12 カ月× 23 年（平均寿命 88 歳－65 歳）で約 1700 万円が最低限の老後資金として必要であることがわかる．ただし，この計算は現時点での年金額を用いており，2060 年代に支払われる年金額は現在よりも減少し，平均寿命は男女ともに延長すると予想される．したがって，1700 万円以上を老後資金として準備する必要があるだろう．また，平均寿命の男女差（現在では女性の方が男性より約 6 歳長い）からも明らかなように，65 歳以上で単身で暮らす女性は現在 5 人に 1 人となっている（総務省統計局，2016）．ここに示した A さんの例は夫婦世帯であるが，世帯構成が変化するときは必ずやってくる．配偶者が亡くなり単身世帯へ変化したり，子ども世帯とともに暮らす三世代世帯となったり，福祉施設に入所したりなど，様々な可能性があることも考慮してみよう．

6.3.3　将来から現在を考える

6.3.2 項で検討した費用を用いながら，それらの費用を準備するためには現

在，どのようなことが必要かを考えていこう．

a. 住宅資金

マンション購入の場合，新築分譲か中古マンションかを決定する．同時にライフイベント表から自らのライフスタイルにとって，本当に購入が必要かを考えてみよう．ここでは，A さんが新築分譲マンションを選択したと仮定する．そのためには，自己資金平均であった 1700 万円ほどをどのように準備できるかを考える．夫婦で折半して 850 万円ずつと考えると，A さんは就職してから 13 年が経過しているので 1 年間に 65 万円を貯蓄すれば良い．借入金の 2700 万円は夫が定年する 2059 年までの 30 年間のローンにして，年間返済額を 130 万円（月 11 万円）ほどに抑えたい．実際の住宅ローンを組む際には，金利はもちろん，返済の方法や返済期間，返済総額について熟慮する必要がある．詳細は第 8 章で学ぶ．

b. 教育資金

A さんは子ども 1 人を予定し，大学までの教育を希望しているので，大学卒業までの教育費を準備する必要がある．公立と私立，大学は理系文系，自宅か否かで総額が異なるが，子どもが進路選択をできる余地があるように資金に余裕を持たせたい．教育費は小学校入学前と高等教育（大学等）期間に家計の負担が大きくなるといわれており（文部科学省，2017），それは A さんの生活設計表では 40 代はじめと 50 代半ばの時期である．特に大学での 4 年間の学費については自宅から通う場合であっても 500 万〜700 万円が必要となるので，事前の準備が必要である．目標額を定めて，A さんは子ども誕生と同時に 3 万円ほどの貯蓄を行う予定である．3 万円をどこに預けるかは，貯蓄だけでなく学資保険という選択もある．保険については詳細を第 9 章で学ぶ．

c. 老後資金

A さんは 65 歳定年までに 2000 万円を準備することを目標とした．2000 万円を準備するにあたって，現在，22 歳の A さんには 43 年間という長い時間がある．1 年に 48 万円（月 4 万円）を金融機関に預ければ，43 年間で約 2000 万円となり目標を達成することができる．しかし，預けたお金を増やすことは現在の低金利では期待できない．早い時期から老後資金の準備を始めたのならば，有利な運用手段を考えることも可能となろう．お金を貯める，増やすための知識については第 7 章，第 11 章，第 12 章で詳しく学ぶ．

6.4 生活設計と金融ケイパビリティ獲得の意義

　本章では人生の三大資金を取り上げ，生活設計を考慮することを試みた．生活設計とは，自分や家族の生き方を考え，生活資源と生活リスクをマネジメントしながら，過去，現在を振り返り，望ましい将来を主体的，能動的に創造していくスキルである．私たちが持つ多くの生活資源のうちの1つである金銭は，本章の冒頭に示した金融ケイパビリティモデルの重要な3項目である①金融知識と理解，②スキル，③自信と態度を伴いながら，生活設計に組み込まれることで効果を発揮する．

6.4.1 人生の選択の幅を広げよう

　金融ケイパビリティは，社会経済環境の変化や個人の考え方や価値観の変化と密接に関連している．金銭面において，一度立てた生活設計が実現不可能な状況に陥る可能性は高い．そのために生活リスクマネジメントが必要となり，時々の変化に応じながら，生活設計を修正する．では，修正や変更しなければならないのなら，生活設計を行うことは無駄であろうか．

　クランボルツとレヴィン（2005）は，偶然に生じる出来事が人生に大きな影響を与えており，その偶然の出来事は実は計画的に設計されているという「計画された偶発性理論」を提唱した．「計画された偶発性」とは，人生の選択肢を固定させずに，様子をみながら修正し，変更していくことで偶然の出来事が生み出され（クランボルツ，2008），偶然の出来事は計画されたチャンスへと変化していくことを意味する．生活設計において柔軟に対処する態度が，人生の選択の幅を広げ，金銭的な生活資源ばかりでなく，それ以外の生活資源（家族，親族，友人といった人間関係，情報，公的な制度，自らの能力など）にも影響を及ぼす．

6.4.2 生活設計は社会とつながることである

　最後に，金融ケイパビリティ概念の背景を紹介し，生活設計が個人だけのものでなく，社会とつながっていることを示したい．イギリスでは金融ケイパビリティを普及させる目的として，次の4点があげられている（伊藤，2012a）．1点目はシチズンシップ教育の一環として金融責任を担う市民の育成である．2点目は

反貧困戦略として，金融排除の状況にある人々に焦点をあてること．3 点目は金融行動を歪める心理的バイアスを認識すること．そして，4 点目は中立的アドバイスの提供を促進することである．

1 点目と 2 点目は，金融に関わる個人的な行動が社会的な倫理次元と深く関わっていることとを示している．生活設計の過程で私たちは様々な選択を行うが，その選択は金銭を通じ，金融商品の消費者として，自分自身のみならず，家族，コミュニティ，社会へと影響を与えている．自らの行動が社会に影響力を持つという認識と想像力が，金融責任を生じさせるのだ．同時に，金融商品を売る側にも社会的責任が課されていることは当然のことである．

3 点目と 4 点目は行動を支える自信や態度に関連する．人生 100 年時代といわれる現在を生きる私たちが，生活設計のなかに金融ケイパビリティを組み込み，それらをスキルとして有効に活用し行動するためには，ときには専門家などのアドバイスや他者の力も借りつつ，自らと社会をつないでいく努力が必要となるであろう．

〔斎藤悦子〕

注

1) 住宅購入資金は地域によって大きく異なる．たとえば，新築建売住宅の住宅購入資金でみると，三大都市圏（首都圏，近畿圏，東海圏）の平均住宅購入価格は 3477 万円，その他の地域は 2752 万円ほどである（住宅金融支援機構，2017）．

文 献

伊藤宏一（2012a）「金融ケイパビリティの地平—『金融知識』から『消費者市民としての金融行動』へ—」，『ファイナンシャル・プランニング研究』，No.12, pp.39-48.

伊藤宏一（2012b）「金融教育をめぐる国内外の状況と課題」．
https://www.fsa.go.jp/frtc/kenkyu/gijiroku/20121108/04.pdf（最終アクセス 2018 年 10 月 3 日）

神谷哲司（2016）「ファイナンシャル・リテラシーに関連する概念とその尺度について」，『東北大学大学院教育学研究科研究年報』，第 65 集，第 1 号，pp.119-134.

クランボルツ，J. D.／レヴィン，A. S.，花田光世他訳（2005）『その幸運は偶然ではないんです！』，ダイヤモンド社．

クランボルツ，J. D.（2008）「International Career Development Conference 2007 基調講演」，『慶應義塾大学 SFC 研究所キャリア・リソース・ラボラトリー News Letter』，Vol.5, pp.3-5.
https://crl.sfc.keio.ac.jp/mt/www/newsletter_2008-02.pdf（2019 年 6 月 11 日最終アクセス）

住宅金融支援機構（2017）「住宅ローン関連調査 フラット 35 利用者調査」
https://www.jhf.go.jp/about/research/H29.html（最終アクセス 2018 年 10 月 3 日）

文部科学省（2017）「我が国の成長のための教育投資の充実」平成 29 年 3 月 13 日．
https://www5.cao.go.jp/keizai-shimon/kaigi/special/reform/wg7/290313/shiryou4.pdf

総務省統計局（2016）「平成 27 年国勢調査人口等基本集計結果結果の概要」.
http://www.stat.go.jp/data/kokusei/2015/kekka/kihon1/pdf/gaiyou1.pdf（2018 年 10 月 3 日最終アクセス）

Johnson, E. and Sherraden, M. S.（2007）　From Financial Literacy to Financial Capability Among Youth, *Journal of Sociology and Social Welfare*, Vol.34, No.3, pp.119-146.

第7章 貯める・遺す

　人生100年時代といわれる長寿社会において，相続や贈与など次世代への資産移転が注目されている．第7章では，貯蓄（貯める）と相続（遺す）・贈与（贈る）をテーマとする．7.1節では日本経済の成熟化とともに金融資産が蓄積され家計がストック化した実態を統計調査からみる．7.2節では資産を持たない世帯の増加や，格差拡大の影響を考える．7.3節では，資産を世代でつなぐ相続・遺産を，生活設計の重要な問題と認識し，生前贈与・一次相続・二次相続から親と子の世代間や夫と妻の世代内の資産移転を整理する．社会的想像力をキーワードに今後の家族と財産，金融とジェンダーなどの課題を展望する．

7.1　家計のストック化—貯蓄から金融へ—

7.1.1　貯蓄現在高の推移
　総務省家計調査でいう貯蓄とは，①金融機関等への貯蓄（通貨性預貯金，定期性預貯金），②生命保険および積立型損害保険の掛金（加入してからの掛金の払込総額），③株式，債券，投資信託，金銭信託などの有価証券，および④金融機関外への貯蓄（社内預金，勤め先の共済組合など）とされる．なお，貯蓄は世帯全体の貯蓄であり，個人営業世帯などの貯蓄には家計用のほか事業用も含める．

　図7.1は，2人以上の世帯の平均貯蓄現在高を長期時系列で示したものである．単純にいえば，2017年貯蓄現在高の平均値は1959年（30万円）の60.4倍（1812万円），また貯蓄年収比（年間収入に対する貯蓄現在高の比）は，2017年は1959年（70.0%）の4.2倍にあたる293.7%となった．

　プラスの財産が資産・貯蓄，マイナスの財産は負債であるが，プラスの財産，金融資産・金融商品には，3つの特性（流動性，収益性，安全性）すべてに優れたものはない．日本では，安全性を重視した貯蓄が主流を占めてきた．貯蓄年収比は図7.1のように増大し，いわゆるストック化が進んだ．自由（フリー），公

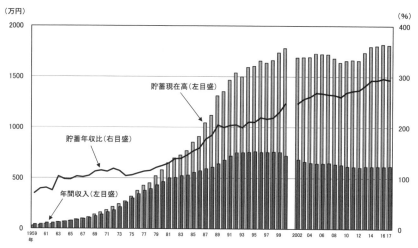

図7.1 貯蓄現在高および年間収入の推移（2人以上の世帯，総務省統計局「家計調査」）
1959年から2000年は貯蓄動向調査，2002年以降は家計調査（貯蓄・負債編）の結果．
https://www.stat.go.jp/data/sav/sokuhou/nen/pdf/h29_gai5.pdf

平（フェア），国際化（グローバル）を目指して金融自由化（日本版ビックバン）が1996年に始まり，規制が緩和されたことにより，多様な金融商品が提示されるようになった．プラス／マイナスの金融資産と土地や住宅の実物資産のストックをいかに戦略的に有効活用できるかが，家庭経済生活に大きな影響を及ぼすことになってきた．

7.1.2 貯蓄動機の変遷

貯蓄動機には，所得のうち消費されなかった消極的で無目的なもの，生活の危機に備えて，あるいは将来の生活の質の維持・向上を目指し，現在の消費を抑制して貯める目的が明確なもの，そして自己・外部投資のための資金とする積極的なものに分けられる．貯蓄動機の変遷（図7.2）をみると"病気や不時の災害への備え"言い換えれば"まさかの時いざという時の備え"という予備的動機は，1963年から2012年まで2人以上世帯で最も多く選ばれてきた．

生活の安定を脅かす事故・危険に対応する家族や地域，言い換えれば血縁・地縁などによる相互扶助の力が弱まる一方で，それを補足する「共助」や「公助」の生活保障制度が充実しているとは言い難い．生活水準が高まるにつれそれらの危険によって生活を破壊されることなく維持するための「自助」努力として貯蓄

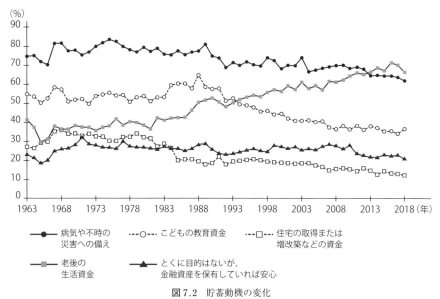

図 7.2 貯蓄動機の変化
出所：金融広報中央委員会「家計の金融行動に関する世論調査」．

する必然性は高まった．

また，住宅・教育・老後は貯蓄三大動機であるが，なかでも老後の生活資金動機は一貫して増え続け，2013年以降は予備的動機を抜いて最も多く選択されるようになった．長寿化の影響で，備えるべき期間が長くなったことで経済的に必要とされる金額の高額さが判明し，高齢期の生活の安定と向上のために「自助」により貯蓄することを選択している．

7.2 資産格差と社会的想像力

7.2.1 総中流から格差社会へ

日本という国単位でまとめてみれば，日本の個人（家計）が保有する金融資産の2017年末の残高は1880兆円に達している．国策としての貯蓄増強政策もあり，日本の家計は，貯蓄率は高く積極的な目標を持って貯蓄に励み，貯蓄は資金として企業などに貸し出され，企業が生産性を高めて所得を増大させ，その所得が再び家計に配分されたり財政を通じて社会福祉の向上に向けられ全体的に成長する経済循環の1つの出発点の役割を果たしてきた．

しかし，経済成長期を支えてきた世代が高齢期に入り，日本の長寿化は世界の
トップレベルで進行すると，国レベルでみた日本家計の貯蓄率は，国際比較する
と低下し，格差の拡大が顕在化してきた．個人レベルでは人生の収支決算準備と
もいえる「終活」という言葉が日常的に聞かれるようになった．

格差に関する議論を整理すると，1970年から1980年にかけて日本は「一億総
中流」論に沸いた時期であった．平均所得が上昇し，耐久消費財に手が届き，マ
イホームも夢ではなく，1976年OECDは所得格差の国際比較報告で日本は最も
平等な国であると発表した．しかし，「一億総中流」論は1990年になると翳りを
みせる．橘木俊詔の『日本の経済格差』(1998年)はベストセラーとなり，21世
紀に入ると「下流社会」「勝ち組・負け組」「格差」とつく書籍が並び，その後，
湯浅誠『反貧困』(2008年)などの貧困問題が関心を高め，子どもの貧困へ注目
が集まっていった．

白波瀬佐和子は，7カ国（アメリカ，イギリス，フランス，ドイツ，スウェー
デン，台湾，日本）の比較から，日本では家族を形成しない人の受ける不利益が
大きいことを示した（白波瀬，2009；白波瀬，2010）．個人の生活保障が家族機
能に大きく依拠し，家族の位置づけや生き方に関する規範が硬直的な日本では，
家族に関する規範意識が強い国であるイタリアやドイツ，あるいは台湾などと同
様，標準的なライフスタイルから逸脱したものが経済的不利益を受けていること
を指摘している．また，子ども（ゆりかごが決める人の一生），若者（たまたま
の勝ち組，たまたまの負け組），成人男女（稼ぐ人・世話する人の分かれ道），高
齢者（蓄積された不条理）のライフステージごとにおいて，不平等・不条理な状
況にあることを示し，他者感覚を磨く社会的想像力（ソーシャル・イマジネーシ
ョン）を提案した（白波瀬，2010）．

7.2.2　金融資産がない世帯

金融資産がない世帯からインクルーシブ（包摂的）な金融機能をとらえてみよ
う．「家計の金融行動に関する世論調査」(2018年)によれば，金融資産を保有
していない世帯は2人以上の世帯の31.2%を占める（図7.3）．資産がないとい
っても，口座もない厳密な金融資産非保有ではないが，ストックが乏しい不安定
な層が増加している．単身世帯調査では，非保有者が2007年時点で29.9%と約
3割であったが，2018年には46.4%と約半数に達した．家族からの支援が受け

にくい．単身で金融資産の非保有者が増えている．2人以上の世帯でも金融資産を保有していない割合は上昇している．

次に，生活設計との関係を確認したい（図7.4）．2人以上の世帯全体では「現

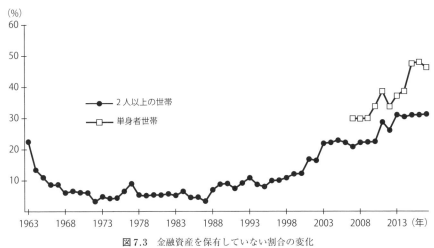

図7.3 金融資産を保有していない割合の変化
金融広報中央委員会「家計の金融行動に関する世論調査」より．

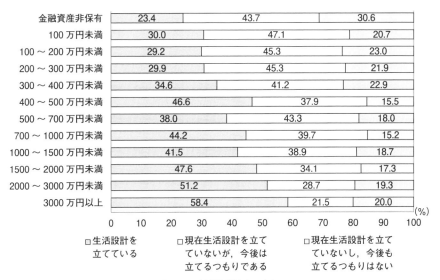

図7.4 生活設計策定の有無
金融広報中央委員会「家計の金融行動に関する世論調査」（2018）より．

在生活設計を立てていないが,今後は立てるつもりである」が最も多く39.0%である.また,「生活設計を立てている」割合は,36.7%であり,合計で8割近くが生活設計に関心を持っている.

金融資産額でみると,生活設計を立てている世帯は,資産非保有では23.4%と4分の1を切り,3割（30.6%）が生活設計を立てていないし,今後も立てるつもりがない.金融資産400万円未満の各層で,「現在生活設計を立てていないが,今後は立てるつもりである」が最も多く4割を超えている点も注目される.3000万円以上資産保有世帯では58.4%と金融資産額が多い層で生活設計を立てている.

7.2.3 金融資産の分布

最頻値,平均値,中央値のいずれの数値をみるかで,金融は違ってみえる.図7.5に示すように2人以上の世帯の貯蓄現在高の最頻値は100万円未満である.金額が低い階級に偏った分布である.貯蓄現在高が0の世帯を除いた世帯を貯蓄現在高の低い方から順番に並べたときに,ちょうど中央に位置する中央値は1074万円を大きく下回る.なお,貯蓄現在高が0の世帯を含めた場合の中央値

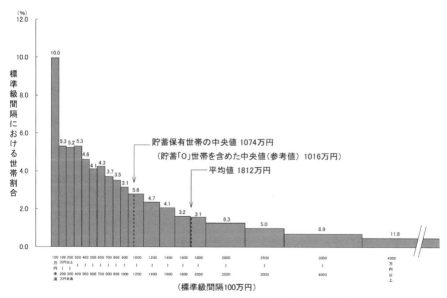

図7.5 貯蓄現在高階級別世帯分布（2人以上の世帯）(2017)
総務省統計局「家計調査」より.

はさらに58万円低く1016万円となる．他方，平均値は1812万円であり，内訳としては定期性預貯金が712万円（貯蓄現在高に占める割合39.3％）と最も多く，次いで通貨性預貯金が442万円（同24.4％），「生命保険など」が377万円（同20.8％），有価証券が246万円（同13.6％），金融機関外が36万円（同2.0％）となっている．2000万円以上など貯蓄の多い世帯が押し上げているため平均値は高めに示されるが，分布をみると平均値（1812万円）を下回る世帯が67.0％と約3分の2を占める．

若い世代と高齢世代では平均資産額が大きく異なる．世帯主年齢別の貯蓄現在高の平均値は40歳代では602万円であるのに，60歳代で2382万円，70歳以上では2385万円と，70歳代は40歳代の4倍近い数値で，高齢者は資産を保有している．70歳以上では有価証券の比率も高い．平均値でみると資産保有額の多い高齢世代であるが，世帯主65歳以上世帯の資産分布の格差が大きいことは，第6章で示されたとおりである．

7.2.4 金融資産と実物資産の格差

金融資産のみならず実物資産もとらえた全国消費実態調査は，1959年から5年ごとに実施されている．サンプルサイズは約5万6400世帯（うち単身世帯約4700世帯）と大きい．調査対象が大きいため，年間収入階級別，世帯主の年齢階級別などの各種世帯属性別あるいは地方別，都道府県別などの地域別に家計の実態をみることができる点も特徴である．金融資産および実物資産について価額評価したものを家計資産額として公表している．金融資産とは貯蓄現在高から負債現在高を減じたものをいう．統計表は「総資産」と「純資産」の2種類を作成しており，このうち「純資産」は実物資産の住宅資産および耐久消費財資産の減価償却を考慮している．

2人以上の世帯のうち勤労者世帯の家計資産は，1世帯あたり2500万円である．家計資産の種類別にみると，「宅地資産」が1360万円（家計資産に占める割合54.4％）と最も多く，次いで「住宅資産」が518万円（同20.7％），「金融資産（貯蓄－負債）」が488万円（同19.5％），「耐久消費財等資産」が134万円（同5.4％）となっている．

所得格差や資産格差の程度を表す代表的な指標がジニ係数である．ジニ係数は，完全平等の0から完全不平等の1までの値をとる．図7.6は5年ごとに行わ

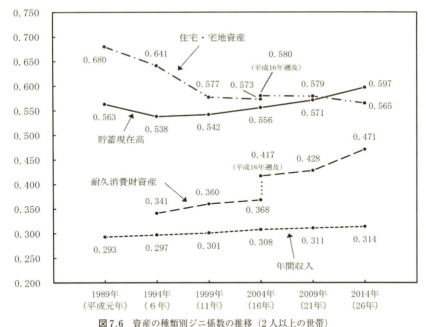

図 7.6 資産の種類別ジニ係数の推移（2人以上の世帯）
全国消費実態調査より

注1) 住宅・宅地資産および耐久消費財資産は，減価償却を考慮し価額評価した「純資産額」を用いている．また，貯蓄現在高は，負債残高を控除していない額．
注2) 2009年以降と2004年以前では実物資産の価額評価方法が異なるため，2009年の価額評価方法に合わせて遡及集計した2004年の数値もあわせて掲載している．
https://www.cao.go.jp/zei-cho/gijiroku/zeicho/2015/__icsFiles/afieldfile/2015/10/26/27zen25kai2.pdf

れる全国消費実態調査からジニ係数を算出した結果である．所得格差と資産格差を比較すると，所得格差の数値も上がっているが，より資産格差のジニ係数が高く，所得より資産が不平等な分布であることが読み取れる．金融資産をめぐる資産格差の拡大が注目されるなか，他者感覚で社会的想像力のある金融行動が求められるようになった．

7.3 相続・遺産動機と家族の将来生活想像力

7.3.1 相続と家族

相続制度は，社会のあり方を規定する重要な要素である．たとえば，長子相続制をとるか否かは，社会構造にきわめて重要な差異をもたらすことが知られてい

る（野口，2016, p.22）．日本の明治民法（旧民法）の「家」制度のもとでは，財産は家産として意識され，「戸主」が家督相続し，長子が戸主とされた．農業や自営業が産業の中心であった時代は生活保障のために，家業・家産の継承は重要な社会のテーマであった．また，戸主は家業を継承すると同時に親の扶養の義務を負った．扶養においては優先順位が明らかにされ，直系尊属が直系卑属より，直系血族が配偶者より優先された．

第2次世界大戦の戦後民法では，状況は大きく変わり，財産は家産ではなく個人の財産となる．また夫婦の財産については「夫婦の一方が婚姻前から有する財産及び婚姻中自己の名で得た財産は，その特有財産とする」（民法第762条）と夫婦別産制がとられた．

職業としては，農業や商工自営業など家族経営の割合が減少し，雇用者化したが家計がストック化し，高度成長期には都市に人口が集中し不動産価格が高騰したことから，相続の有無が都市における不動産の所有に重要な影響を与えることになった．

日常生活では，住居と生計をともにする家族や世帯員が持ち寄り（プールして）共同生活を行い，所得や消費が誰の収入・誰の支出と意識されることは少ない．他方，資産では所有の名義が重要となる．特に，人生の収支決算のときに，誰に何を遺すのか（遺ってしまうのか），遺さないのか．我が国の家計で働いている主な財産配分基準は，この財産は誰が所有権を持つべきかの論理ではない．個人が財産を保有しているとの意識も低いかった．しかし少子高齢化のなかで新たな選択をせまられている．民法においては，法定相続分が定められた．配偶者がいる場合第1順位配偶者（2分の1）と子，子がいない場合は第2順位配偶者（3分の2）と親，親もいない場合は第3順位配偶者（4分の3）と兄弟姉妹．さらに子どもは均分相続とされた．

7.3.2 遺産動機（利己的動機と利他的動機）

2016年1月から12月までの1年間に全国で作成された遺言公正証書は，10万5350件に上る．相続や贈与は，主に家族内資産移転である．長寿社会の金融リテラシーの重要な機能として相続・生前贈与・遺言など家族内移転から資産移転を認識し，これからの社会保障程度や社会への投資のあり方に関する金融教育を充実させることが有効であると考えられる．

家計の金融行動に関する世論調査（2017年）によると，2人以上の世帯の遺産についての考え方は，その他を除いた多い順で①老後の世話をしてくれるか，家業を継ぐか等に関わらずこどもに財産を残してやりたい 42.8%，②老後の世話をしてくれるならば，こどもに財産を残してやりたい 16.7%，③こどもはいるが，自分たちの人生を楽しみたいので，財産を使い切りたい 13.9%，となっている．

経済学では，王朝モデル，利他主義モデル，ライフサイクルモデル，戦略的遺産動機モデル，家族内の暗黙的年金契約モデルなど，遺産相続に関するモデルが想定されどのような相続が行われるか研究が進められてきた．研究者によって解釈が異なる部分もあるが，たとえば，王朝モデルでは，人々は家または家業の存続を望んでおり，その目的を達成するために遺産を残す．家または家業を継いでくれた子にすべての財産を残す．図7.7に示す世代継続型家計が王朝モデルに近い．

図7.7の個人完結型家計では，まず一次相続は両親のどちらかが亡くなり，配偶者と子どもが相続人になる場合に起こり，二次相続は，一次相続後に残された配偶者も亡くなったときに相続することになる．

遺産動機分析で特徴的であるのは，動機を利己的動機と利他的動機に分ける議論がされる際に，親が子からの見返りを求めて遺産を遺そうとする戦略的遺産動

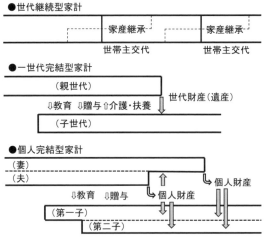

図7.7　相続の類型化（御船，1996，p.23より作成）

機や家族内の暗黙的年金契約が利己的動機とされる点である．他方，利他主義モデルであれば，人々は自分の子に対して何の見返りもなくても遺産を残すはずであり，所得獲得能力の少ない子，病弱な子により多く残すとされる．これは，家産継承とは異なるモデルといえる．しかし合理的経済人モデルでは分析できないドラマが各家庭では発生している．

2018 年 7 月に相続法が改正になり，配偶者の居住権が創設され，被相続人の介護や看病で貢献した親族は金銭要求が可能になるなどの変更が行われた．さらにこの改正で注目されているのが，夫から妻への個人財産を移転する個人解決型家計である．

7.3.3　家族の将来生活想像力

明治安田生活福祉研究所は，1988 年に生命保険文化センターが行った「世代間移転における家族の役割についての調査研究」をもとに，全国の 40 歳代〜60 歳代の男女を対象とした「相続と財産に関する調査」を 2015 年 3 月に実施した．相続が大きなライフイベントであることに着目し男女比較を中心に，「相続の意向」「介護と相続」「相続の実態」「相続対策」の 4 点から女性の相続を取り巻く動向についてまとめた．

信託には，民事信託（家族信託）と商事信託がある．委託者が信託行為（たとえば，信託契約，遺言）によってその信頼できる人（受託者）に対してお金や土地，建物などの財産を移転し，受託者は委託者が設定した信託目的に従って受益者のためにその財産（信託財産）の管理・処分などをする制度である．

人生 100 年時代といわれる長寿社会で個人の意思決定を重視する「終活」の言葉も一般化してきた．金融老年学（ファイナンシャルジェロントロジー）の研究も始まり，信託などの仕組みも整いつつある．個人は，どのように収支決算をして資産を遺すのかは，金融リテラシーとしても問われる時代といえよう．

〔上村協子〕

文　献
伊藤　純・斎藤悦子（2015）『ジェンダーで学ぶ生活経済論』，ミネルヴァ書房．
上村協子（1996）「貯蓄」，伊藤秋子編著『改訂 家庭経済学概説』，pp.211-232，光生館．
上村協子（2004）『相続にみる女性と財産―家計資産の共同性とジェンダー―』（科学研究費報告書，2004）．

上村協子・萩行さとみ（2016）「女性の経済生活設計と相続『女性と相続 2015』より」，『生活福祉研究』，通巻 91 号.

重川純子（2016）『新訂 生活経済学』，放送大学教育振興会.

白波瀬佐和子（2009）『日本の不平等を考える』，東京大学出版会.

白波瀬佐和子（2010）『生き方の不平等』，岩波新書.

野口悠紀雄（2016）「日本社会における相続はどのように変化しているか」，『生活福祉研究』，通巻 91 号.

御船美智子（1996）『家庭生活の経済―生活者の視点から経済を考える―』，放送大学教育振興会.

第3部　金融と生活

第8章　お金を借りる

　何か買う必要があるのにお金がないときは，お金を借りる必要がある．本章は，まず前半でお金を借りるところ，または貸すところ，について説明する．後半では，どのようなときにお金を借りていいのか，借りるべきなのか，という問題について少し理論的に説明する．

8.1　お金を借りるところのいろいろ

　お金を貸すことを業としている企業は，銀行（メガバンク，信託銀行，地方銀行，ネット銀行などの「銀行」，そして信用金庫，信用組合，労働金庫などの「協同組織金融機関[注1]」なども含む．以下「銀行」）と，ノンバンク（消費者金融会社，カード会社，住宅ローン専門会社，モーゲージバンク[注2]）に大きく分けることができる．また，銀行が個人に融資するときは，以下で説明する「信用保証会社」と呼ばれる会社とペアで行うのが普通である．

8.1.1　銀　　行

　銀行は個人や企業から預金または貯金（以下「預金」）という形で集めたお金を借手に貸し出す．預金の出し手に支払う金利は現在ほぼ0％であり，集めたお金を最も信用度の高い借り手に1〜1.5％程度で貸し，信用度がやや低かったり，担保がなかったりする借手にはそれより高い金利で貸す．

　借入をするときは，まず銀行からの借入を考えるべきである．この理由の第1は，銀行からの借入金利は，どのような融資であろうと，ノンバンク（モーゲージバンクの「フラット35」を除く．説明は後述）からの借入に比べて低くなりうるからである．借入金利が低い理由の1つは，銀行は金利0％の預金を原資としていることで，要するに仕入れ価格が安いから安く売ることができるということである（図8.1の上）．それに対し，ノンバンクは預金という超低コストの資

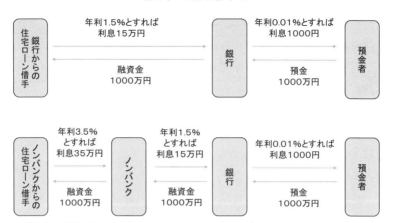

図 8.1 銀行からの借入と，ノンバンクからの借入の違い（1000 万円借りた場合）

金調達手段がない．そのため，貸出の元手を主に銀行からの借入に依存しているのである（図 8.1 の下）．

第 2 の理由は，銀行は高すぎる金利での融資をいやがるためである．理論的には，貸し倒れリスクがやや高めの借手に対しても，それに見合う高い金利をつければ融資は可能であるが，実際には銀行は貸し倒れにならないと信じた借手に対してのみ低金利で融資するという行動をとる[注3]．よって，住宅ローンか無担保ローンかにかかわらず，貸出金利はノンバンクよりも低くなるが，その代わり審査が厳しい．

しかし，この第 2 の理由については，最近は様相が変わってきている．つまり，絶対安全な借手に対して低金利で貸し出す，という銀行の従来の行動は変わってきており，最近ではリスクの高い借手に従来の銀行の常識と比べると高めの金利での無担保消費者ローンを出す銀行も少なくない．この背景としては，2004 年にメガバンクが大手消費者金融を相次いで関連会社にして，借手の審査を任せるようになったこと，2010 年に貸出金利の上限が 15%（100 万円以上の貸出の場合）に引き下げられたこと，そしてノンバンクからの無担保ローンについては消費者の借入総額を年収の 3 分の 1 までとする規制（総量規制）が導入されたため，ノンバンクは貸出をしにくくなったためである．ノンバンクの代わりに，総量規制の対象外である銀行が貸出を増加させ始め[注4]，最近では銀行が消費者金融のメインプレーヤーとなっている．

8.1.2 信用保証会社

個人への融資の場合，銀行は，信用保証会社という別会社とペアを組んで融資を行う（図8.2）．信用保証会社は銀行の子会社，関連会社の場合もあるし，独立系の場合もある．個人の借手が銀行などに住宅ローンや無担保消費者ローンなどを申し込むと，銀行は信用保証会社に融資申し込み書類を渡し，保証を依頼する．書類，個人信用情報その他に基づき信用保証会社が審査を行う．審査対象の項目は主に下記の2つである．

- 本人関係：勤務先，役職，勤続年数，年収，使用目的，信用情報（融資やクレジットカードの利用履歴・返済履歴）
- 担保住宅（住宅ローンの場合）：住宅の価値，物件の価値に対する融資額

たとえば，安定した企業の正社員で，お金を貯めて住宅価格の20％以上の頭金を用意し，返済額が月収の20〜30％以内，過去にクレジットカードの延滞などの事故情報がなければ，メガバンクのグループ会社の信用保証会社は保証を承諾し，よって低金利のメガバンクの住宅ローンを得られる可能性が高い．

信用保証会社が保証を引き受ければ，銀行は融資を行う．融資後，借手が返済できなくなったときは，信用保証会社が銀行に債務を弁済し，信用保証会社が借り手に返済を請求することになる．これを代位弁済という．その後，住宅ローンであれば住宅を売ってローンを返済することになる．ローンの額が不動産の売却代金よりも大きい場合は，任意売却または競売[注5]となる．

図8.2　銀行と信用保証会社

信用保証会社が必要な理由は，融資にブレーキをかけるためである．つまり，融資担当の銀行員は勤務成績を上げるために融資残高をできる限り増加させたいと思うため，審査が甘くなりがちになる．そこで，もし焦げ付きが発生したら大きな損失を被る信用保証会社に審査を行わせれば，より確実な審査になるだろう．また，多数の審査情報が信用保証会社に蓄積されれば，銀行の支店の融資経験が少ない担当者よりも正確な審査が可能になるという面もある．さらに，独立系の信用保証会社を使う場合は，貸し倒れになるリスク（信用リスク）を自分の企業グループの外に転嫁することができるというメリットもある．他方，借り手は信用保証会社に「保証料」を支払わなければならない．保証料は融資実行時にまとめて支払う場合もあるし，月々の返済に含まれている場合もある．

コラム●信用保証会社の集約化とその影響

無担保消費者ローン分野の信用保証は，三大メガバンク系列の消費者金融会社へ集中が進んでいる．三大メガバンク系列の消費者金融会社は，親メガバンクの消費者ローンを申し込んだ客の審査・保証をするだけでなく，かなりの数の地方銀行の消費者ローンの審査・保証も行っている．実際，メガバンク，地方銀行は多数あるが，そのかなりの割合の消費者ローンの審査が三大メガバンク系列の消費者金融会社に集約されているのである（図8.3）．

この状況の帰結として，どこの銀行に借りに行っても保証会社が同じであれば審査結果は同じになるだろうし，さらに，信用情報保存期間が実質的に長くなることにより，一度ローンを断られた人は長い期間断られ続けられることになるかもしれない．

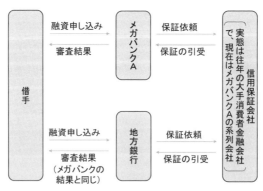

図8.3　メガバンクの消費者ローン信用保証子会社への地方銀行の相乗り

個人の信用情報は，融資した会社（金融機関，ノンバンク，信用保証会社）が会員となって設立された信用情報機関に登録される．そこでの信用情報保存期間は，債務不履行や自己破産などのいわゆる「事故情報」については5年間である．よって，5年を経過すると信用情報機関からは事故情報は削除される．

ところが，融資を保証した信用保証会社の社内データベースには事故情報はいつまでも残る．そのため，過去にメガバンク系信用保証会社の信用保証を得てどこかの銀行から融資を受け，事故を起こした借手は，信用情報機関からその事故情報が消えた後でも，融資した銀行はもちろん，同じ信用保証会社に審査を任せているほかの銀行からも融資を受けにくくなるのである．

8.1.3 ノンバンク

ノンバンクとは貸金業者のことであり，消費者金融，カード会社，住宅ローン専門会社，モーゲージバンクが含まれる．ノンバンク（モーゲージバンクを除く）融資の典型的なパターンは，銀行などから融資されたお金を借手に再融資することである．銀行からの借入には当然1〜2%またはそれ以上の金利を支払うので，ノンバンクがお金を貸すときの金利はそれよりも高くなる（図8.1の下）．たとえば，ノンバンクの無担保消費者ローンの宣伝に「1.5%から」などと書いてあったとしても，実際にはこのような低い金利での借入はほとんどできないだろう．利益を得るためには最もリスクが小さい借手であっても手数料を含めて3%前後にならざるを得ないだろうし，ふつうは5%を超えると思った方がよい．

8.2 住宅ローン

住宅ローンは，銀行，ノンバンク，そして住宅金融支援機構の「フラット35」からの選択となる．返済金に加え，生命保険料，火災保険料，信用保証料・登記費用の支払が必要となる．大まかにいえば，総コスト（支払利息と生命保険料，その他を含む）は銀行が低く，ノンバンクは高い．フラット35は申し込み先によりいろいろであるが，概して低めである．銀行のなかではメガバンクが低い．また，各貸手は，借手の状況によって融資金利を変えることがある．

審査は信用保証会社（フラット35を除く）が行う．多くの場合，住宅ローンの信用保証会社は借入を申し込んだ銀行のグループ会社である．無担保消費者ローンと住宅ローンはどちらも融資であるが，審査実務が大きく異なるため，信用

保証会社がそれぞれ専門の別会社になっている場合が多い.

　もし借手が債権者である銀行に返済できなくなったときには，信用保証会社が銀行に代位弁済し，任意売却や競売などを含めた売却の手続きを進める.

　信用保証会社は保証を引き受けるにあたり，特に絶対安全と思われる借手以外に対しては，頭金として不動産価格の20%くらいを求める. この理由は，たとえば，3000万円の住宅を頭金なしで3000万円の住宅ローンによって購入した人が返済困難に陥った場合，当該住宅価格が下落していれば，得られる売却額が残債額を下回る可能性があるからで，すなわち信用保証会社が損失を被る可能性があるからである.

　頭金を20%用意すれば住宅ローンの審査に必ず通るのか，といえば，まったくそうではない. 銀行は借手の収入額と将来までの収入の安定性を評価し（このため，大企業正社員や公務員が有利），基本的に返済が滞ることがないと予想される借手だけに貸す. 銀行は抵当権を押さえており，多少危ない借手に対して融資しても最終的には融資金を回収できるから，返済能力は多少低くてもいいのではないか，と思われるかもしれない. しかし，延滞時に借手に再三督促したり，立ち退きや任意売却の交渉をしたり，裁判所で競売にかけたりすることは銀行や信用保証会社にとって多大な労力となり，またトラブルのもととなるため，住宅ローンのような低金利で儲けが小さい融資でそのような手間をかけたら商売にならないのである.

　メガバンクの最優遇金利は最安なので，これで借り入れることができれば借手にとって最高であるが，実際には審査は厳しい. しかし，住宅ローンの審査基準は銀行によって異なり，ある銀行の審査に落ちても，ほかの銀行には通ることもある. また，フラット35は担保となる建物の仕様に制限があるものの，金利も十分低いし，明示された年収や返済額比率などの条件を満たしていれば比較的借りやすい.

　銀行やフラット35での借入を断られた場合はノンバンクに頼むことになる. ノンバンクは，先に説明したように，銀行から融資された資金を再融資するため，銀行より金利が高くなる. また，多くの場合，ノンバンクに借りに来た住宅ローンの客は，銀行に融資を断られた借手であるため，貸し倒れリスクは銀行から借入できた借手よりも平均して高いだろう. この2つの理由から，銀行に比べてかなり高い金利となる. このようにノンバンクは価格競争面（すなわち金利

面）では銀行に比べて不利であるため，その代わりに銀行に比べて審査が柔軟である．たとえば，頭金が少ない，担保となる建物が古すぎる，借地権の土地の上に住宅が建設されている，転職してから1年未満，正社員でないなど，銀行が融資を渋るケースでも審査が通る場合がある．

　いずれにしろ，将来住宅を購入しようと考えている読者は，住宅を買うときにローンを組めなくて困ったりすることがないように，よい信用情報を維持し，また頭金を貯めることが必要である．

8.3　変動金利と固定金利

　住宅ローンには，大きく分けて，変動金利（おおよそ半年から10年の間に借入金利の見直しがある借入契約の金利）と固定金利（完済時期が10年以上先で，完済時までの金利が当初設定されたままの水準で変化しない借入契約の金利）の2種類がある．前者の変動金利には，半年ごとに金利が変動するものから，2年間固定金利特約（2年間だけ当初の金利に固定され，その後は契約し直す特約．以下同じ），5年間固定金利特約，10年間固定金利特約など，一定期間だけ金利が固定されるものなどいろいろある．契約更改時に金利が高く（低く）なった場合，その後の元利金の支払総額は増加（減少）する．

　変動金利での住宅ローンと，固定金利（10年以上の固定金利）の住宅ローンは，お金の流れや審査方法などの銀行の内部的取り扱いはまったくの別物である．大銀行以外の多くの銀行，信用金庫，信用組合などの金融機関は自行オリジナルの固定金利住宅ローンを取り扱っておらず，その代わりに住宅金融支援機構の固定金利住宅ローン「フラット35」でメニューを補っている．

　フラット35を金融機関が取り扱うメリットは，支払金額が長期にわたって一定となる長期固定金利住宅ローン商品を顧客に提供可能になるので，顧客の選択肢が広がることである．しかし，金融機関にとってはデメリットもある．それは，フラット35では，仕組み上，最終的には金融機関の外部の資金で融資が行われ，自分の資金である預金の運用にはならないことである．現在，多くの金融機関では貸出が伸び悩み，集めた預金の運用先が少ない[注6]．よって金融機関は，預金を元手に融資を行いたいので，自分の預金を貸し出す変動金利住宅ローンのほうがありがたい．しかし，金融機関に住宅ローンを求めてやってきた借手

がフラット 35 を選択すると，融資増加のせっかくのチャンスを失ってしまう．このような理由から，借手不足に悩む金融機関によってはフラット 35 を利用した長期固定金利住宅ローンをあえて取り扱っていないところもある．

　他方，借手側の顧客にとってのフラット 35 のメリットは，元利金返済が安定している長期固定金利住宅ローンを選択できることに加え，融資審査基準の透明性が高いということである．これは，公的な機関である住宅金融支援機構が借用書（金銭消費貸借契約証書）の買い取り条件を公開しているが，これが融資の審査条件に一致しており，民間金融機関がその審査基準に基づいて審査しているからである．これに対し，民間金融機関の変動金利住宅ローンの融資審査基準の詳細は公表されておらず，借入希望者にとって審査結果の予測が少し難しい．

8.4　長期固定金利住宅ローンの代表「フラット 35」

　銀行は，集めた預金で個人や企業に融資を行う．このとき，預金金利よりも必ず高い金利で貸すことが必要である．最近の預金金利はほぼゼロであるが，将来上昇する可能性もある．よって，銀行にとっては，貸出金利を時々（6 カ月や 1 年に 1 度とか）預金金利の変化に合わせて変更できるような貸出契約が望ましい．たとえば当初の預金金利が 0% のとき，20 年分割返済の住宅ローンであっても最初の 1 年間の住宅ローン金利は年 1% とし，その後預金金利が 1% に上昇したら，ローン金利を年 2% に上げられるように契約すれば，銀行はいつでも安定した収益（この場合，貸出総額の 1%）を得られる．

　しかし，20 年間固定金利という条件で借手と契約したらどうなるだろうか．当初，借手は年 2% の金利で 1000 万円借りて，その金利が 20 年間ずっと続くとしよう．銀行は，当初は預金金利が 0% だったので，2% との差である 20 万円の利ザヤを稼ぐことができる．しかし，2 年目から 20 年目まで預金金利が 3% になったとしよう．この場合，銀行は毎年 10 万円損することになり，19 年間で 190 万円の損となる．メガバンクの資金量は 100 兆円を超えているので，仮に 100 兆円の貸出でこのような損が発生すると毎年 1 兆円の損となり，メガバンクであろうとも数年のうちに破綻してしまうかもしれない．よって，銀行は，基本的に自分が集めた預金を元手にして長期の固定金利での融資は行わないのである[注7]．

　このため，10 年を超えて金利が固定される（20 年固定金利，35 年固定金利な

ど）住宅ローンは「証券化」と呼ばれる特別なシステムにより世の中に供給され，その代表が住宅金融支援機構のフラット35である．これは以下のような仕組みで成り立っている（図8.4）．

① 銀行，モーゲージバンク（以下，「銀行等」）が住宅購入者（フラット35利用者）の住宅に抵当権を設定して融資し，借用書を得る．
② 銀行等は，借用書を住宅金融支援機構に売却する．これにより，銀行等は融資金を回収する．その後，銀行等は，借手からの返済資金の受け取りなどのサービスで手数料を得ることができる．手数料は借手から取る金利に含まれている．
③ 住宅金融支援機構は借用書の束を信託銀行に信託する（たとえば，毎月5000人が銀行等からそれぞれ3000万円借入し，その借用書をすべて住宅金融支援機構が買い取った場合，1カ月間で1500億円の借用書が住宅金融支援機構に集まることになる）．
④ 信託銀行は信託受益権（信託財産の所有権を示す証書）を発行する．この信託受益権の受益者（この場合は信託財産である借用書を所有する者）は次で説明するMBSの所有者である．
⑤ 住宅金融支援機構はMBS（Mortgage-Backed Securities, 資産担保証券）またはRMBS（Residential MBS, 住宅ローン担保証券）と呼ばれる債券を発

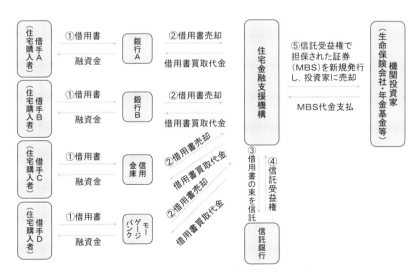

図8.4　証券化の例（住宅金融支援機構のケース）

行し投資家に販売する.

メガバンクや上位地方銀行は, 住宅金融支援機構に頼らずにこのような証券化を自行で行っている. しかし, 大部分の地方銀行や協同組織金融機関はいくつかの理由から[注8), 固定金利住宅ローンとして住宅金融支援機構のフラット35のみを提供している.

8.5 お金はどのようなときに借りてもよいのか

では, お金を借りてよい場合はどのような場合かを考えてみよう. 一般に, 人々がお金を使うとき, 使い途は大まかに「投資」と「消費」に分けることができる. 投資には[注9), 住宅, 冷蔵庫, 自動車, 教育費などが該当するが, 要するに後まで残って役に立ったり, 金銭的なリターンを生み出したりするようなモノやサービスの購入のことである. これに対し消費とは, 消え去ってしまい, その後に金銭的なリターンをもたらさないモノやサービスの購入のことである.

よい投資はお金を生み出し, 便益を生み, その資産価値が長く残り, 転売可能である. 他方, 完全な消費はこの反対である. すべての支出は, この両者のどちらか, またその中間にある.

8.5.1 お金を借りて消費に使う場合

では, お金を借りて消費するケースについて考えてみよう. 投資のような特性がないものが消費であり, 基本的に使ったお金が消えてしまう. よって, 現時点で収入を上回る消費支出を行った場合は必ずどこからかお金を取ってきているはずであり, それが借金の場合, 返済のためには将来の消費を減らさなければならないか, または将来の所得が確実に上昇することが必要である.

図8.5は初歩的なミクロ経済学で勉強する2財間の消費者の選択に関する理論を, 異時点間の消費選択に応用したものである. 世の中の金利水準を年利0%とし, 今年の所得と来年の所得をそれぞれ500万円とする (Y点). 消費者は銀行からお金を年利0%で借入することも銀行に預けることもできる. この場合, この図における消費者の今年と来年の消費の選択の組み合わせは図の45°線の「予算線」で示される[注10). つまり, 消費者は, 予算線上のA点 (800万円, 200万円), E点 (500万円, 500万円), B点 (0万円, 1000万円), そしてそれらの点

8.5 お金はどのようなときに借りてもよいのか

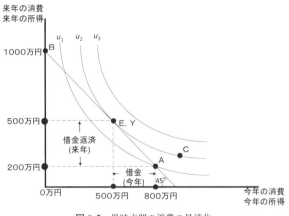

図 8.5 異時点間の消費の最適化

の間のあらゆる点で示される組み合わせを今年と来年の消費点として選択することができる．消費者は，予算線上の消費可能な無限の数の点のなかで，最も幸福度の高い消費の組み合わせを選ぶ．

ここで，u_1, u_2, u_3 は「無差別曲線」と呼ばれる線であり，消費者が今年と来年で消費を行ったときにある一定の「効用」（幸福度のこと）を感じる多数の消費点を結んだ線である（u_1, u_2, u_3 の間や外側にも無限の数の無差別曲線を描くことができる）．たとえば u_2 上の点 C と E では幸福度は同じであり，消費者の観点からは両点は「無差別」である．u_1 よりも u_2, u_2 よりも u_3 のほうが大きい効用の組み合わせを示す．この図においては，今年と来年の消費を同じ額（500万円）にすることにより消費者は u_2 に接する E 点で最も効用が高い消費の組み合わせとなるので，そこで消費がなされる．このとき，今年と来年の所得（Y点）も消費（E点）もすべて500万円なので，預金も借金も生じない．

もし，今年300万円の借金をすると，今年は800万円消費できるため今年に限っては幸せであるが，来年は300万円を返済しなければならないため200万円しか消費できない（A点）．このときの効用水準は u_1 となり，u_2 よりも低い幸福度となる．一般的には，消費は長期間にわたって同じように行うことが最も生涯の幸福度が高くなる．よって，借金して自分の収入に見合った以上の消費を行うことは，人生の不幸につながってしまうのである．

8.5.2 お金を借りて投資に使う場合

投資とは後まで残って役に立ったり，金銭的なリターンを生み出したりするようなモノやサービスの購入のことである．投資としての特性が高いものは，借入を行って購入しても，お金を生み出すことにより返済が十分可能であるうえに転売して資金を一部回収できるものもあるから，よりよい生活レベルに到達するはずである．

たとえば，大学教育のための教育費は，積み上げた学識は転売できないものの，もしそれがその人の将来の所得を増加させるのならまさに投資である．他方，教育費であっても，趣味性の高い分野に支出した場合は，その後の精神生活をより豊かにしてくれるかもしれないが，それが将来所得の増加に結び付かないなら，金銭的リターンがあるかどうか，という観点からは投資とはいいにくく，実質的には消費に該当するだろう．借入をしてそのような教育費に支出した場合は，返済に苦しむことになるかもしれない．

住宅購入は，その後は家賃を支払わなくても済むという金銭的なリターンが得られ，また資産価値の減価もゆっくりで，場合によっては値上がりすることもあり，また転売可能である．よって，よい投資といえよう．そのため，多くの人が住宅ローンを組んで住宅を購入するのである．

以上から，投資のための借入は，そのモノが生み出す金銭的なリターン，将来の換金性を客観的に評価して意思決定すればよい．よい投資であると思われるとき，お金を借りることは決して悪いことではない．よい投資先を持っている人や企業にお金を回すことは社会全体の豊かさを高める．資金余剰者から資金不足者にお金を融通する金融システムの意義は主にこの点にある．

図8.6は，投資が行われるケースでの最適な所得と支出を示している．消費者は，今年500万円を稼ぐ．来年の所得は，消費者がまったく投資をしなければ500万円のままだが，今年100万円の投資（大学に授業料を支払って専門能力を身に付けるなどの教育投資を行うなど）を行えば800万円になるとする．この場合，消費者は，今年は400万円分を，来年は800万円分を消費でき（Y^*点で生産および消費することを意味する），消費者の効用はu_3となる．しかし，さらに今年200万円の借金をして来年200万円返済することにすれば，今年の消費も来年の消費も共に600万円（E^*）にでき，効用水準はu_4となり，最も幸福である．これは，貸与方式の奨学金を得て，自分の将来の稼ぐ力を高めることでより

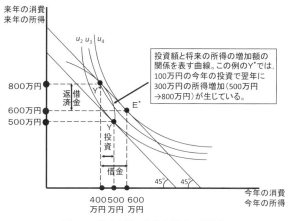

図 8.6 異時点間の投資と消費の最適化

幸福になるというケースに近い．当然のことであるが，奨学金借入によって教育を受けるという戦略が成功するためには，将来の所得向上が生じなければならないので，勉強内容や職業選択も，所得向上を意識して行うことが必要である．

〔宮村健一郎〕

注
1) 協同組織金融機関とは，主に中小企業や個人のために株式会社形態でなく組合形態（これを「協同組織」という）で設立されている金融機関であり，構成員の種類の違いにより信用金庫，信用組合，労働金庫，金融業を営む農業協同組合や漁業協同組合などに分かれる．
2) 「モーゲージバンク」は，日本では，独立行政法人住宅金融支援機構の長期固定金利住宅ローン「フラット35」を取り扱うノンバンクのことである．住宅金融支援機構とは，長期固定金利住宅ローンを民間金融機関が取り扱いやすくするために，住宅ローン債権の証券化を専門に行う国の機関である．同機構による長期固定金利住宅ローンは，「フラット35」という共通のブランド名で多くの民間金融機関から提供されている．「抵当権」とは，住宅ローンの場合で説明すれば，借手は，返済期間中でも住宅を使用することができるが，もし破産したりして返済ができなくなった場合には，貸手がその不動産を売却するなどしてほかの貸手よりも優先して弁済を受けることができる権利である．
3) 無担保消費者ローンを考えてみよう．金利0%の預貯金で1000万円集めた銀行が，焦げ付く可能性が10%あると予想されるAさん，Bさん，……，Jさんの10人にそれぞれ100万円貸したとしよう．このとき，AさんからJさんのうちの誰か1人からは100万円の返済がなされないので，残りの9人から100万円を余計に取る必要がある．よって，当初の貸出金利を11.11%に設定してやっと100万円（11.11万円×9人）を回収できる（この11.11%の金利は，信用保証会社に支払われる）．銀行や信用保証会社の経費や利益を出すためにはさらに数%（たとえば4%弱）上乗せする必要があるが，そうすると当初の貸出

金利は 15% になる. 15% は利息制限法の上限, すなわち法的に最も高い金利である. 高い金利での貸出は「高利貸しではないか」といわれて銀行の評判を傷つけるし, 貸し倒れが頻繁にあると, 信用保証会社へ債権が移転したとしても, 顧客とのトラブルが続いたりすることで人件費が増えるかもしれない. このような理由から, 銀行は基本的に絶対に貸し倒れしない人にのみ低い金利でお金を貸す, という行動をとるのが従来の傾向であった.

4) 銀行の消費者金融の審査は従来通りノンバンクが担当しており, 本規制前後で貸手がノンバンクから銀行に代わったとしても, もともとノンバンクの消費者ローンの元手は銀行から貸し出されていたのであるから, 銀行系消費者金融の世界については実態は変わっておらず, ある意味, 本規制は骨抜きにされているといえよう.

5) 任意売却とは, 返済困難に陥った住宅ローン債務者などが, 債権者の銀行などと話し合いをして債務を減額してもらい, そのうえで担保不動産を売却して債務を処理することである. これに対し, 競売 (けいばい) とは, 債権者が裁判所に申し立てして, 強制的に担保不動産を売却することである.

6) 多くの銀行では貸出できなかった残りの預金は主に国債の購入に充てられる. しかし, 国債の利回りは通常きわめて低かったり, ほぼゼロだったり, 最近ではマイナスだったりするため, できれば融資によってプラスの利息を稼ぎ出したいのである.

7) このように, 銀行は利ザヤを安定的に確保するために, 預金として集めたお金の契約期間と貸出金利の契約期間をできる限りそろえようとする. このために行う銀行の資金管理のことを ALM (Asset and Liability Management, 資産負債総合管理) という.

8) 長期固定金利住宅ローンの件数, 融資額が少ないため, まとまった金額の MBS を作れないこと, そのため採算がとれず, コンピュータシステムも未対応のままであること, そもそも余りぎみの自己資金で貸し出したいことが主な理由である.

9) 「投資」という語は本章と第 11 章では異なる意味で使われていることに注意. 本章での「投資」はマクロ経済学で使われる専門用語の「消費」(人々が行う支出のうち, 後に残らない部分) に対立する概念としての専門用語である「投資」(後に残って便益を生み出す部分) のことである. これに対し, 第 11 章で使われている「投資」は, 日常的な用語としての投資であり, 資産を増やしたり保全したりするための「投資」であり, たとえば「証券投資」という語はこの意味での投資である.

10) 金利が 0% で, 縦軸と横軸のスケールが同じ場合は 45° となる. もし金利がプラス (たとえば 5% とか) であれば, 45° よりも大きくなる.

第9章 生活者のリスクについて考える①

生活が不安定だと将来計画を立てにくい．不確実性によって生活が極端に保守的になったり，逆に荒廃したりする可能性が大きい．収入の期待値などの将来要素が，家計の行動を規制する面を無視してはならない．保険は，生活の将来の安定性を確保し，世帯の福利向上のために家計がよりよい「投資」を行えるようにする手段である．本章では，生活をこのような観点から検討する．

9.1 生活者をとりまくリスク

「生活の身のまわりには様々なリスクがある」ということに，それほど大きな疑問をいだく人はいないだろう．リスクという用語は誰もが知っている言葉だといえる．しかしリスクの定義を明確にするためには，統計に関する知識が必要であるが，本章ではリスクという言葉を，日常使われているような広い意味で使うことにする．

私たちは日々，生活を脅かす様々な危険にとりまかれている．そしてそのような危険を除去したり，そのような危険が発生したときに生じる損失をやわらげたりするような手を打っておきたいと思っている．家族にとって心配なリスクは，家計を担う者の失業，病気，老齢，死亡，傷害などである．これらの要因によって家族に生じることは，第1に家計が金銭的な損失により維持できなくなる危険性，第2に金銭で表せない精神的な打撃をこうむる危険性である．

歴史を紐解くと伝統的な社会では，大家族制度や村落共同体が，これらのリスクに対するバッファーとなっていた．しかし近代化の進展とともに都市化が進み，伝統的なバッファーの力が弱くなると，近代社会における貧困の問題が生じるようになった．歴史的には，これに対して2つの方向から問題解決手段が生まれた．1つは，近代国家による社会保障・社会保険，そしてもう1つは市場を通した保険商品の提供である．

前者は，資本主義の発展によってもたらされた弊害を解決するために誕生した．ドイツでは，ビスマルクの「アメとムチ」政策により，1880年代に労災保険，疾病保険，および老齢年金などが導入された．最初の工業国家であるイギリスでは，1880年に労働災害に対する使用者の責任を強制する雇用者責任法が成立し，この法律によって生まれた企業リスクを民間損害保険会社がカバーすることになった．国家による体系的な社会保障の一環として，1911年に国民保険法が成立し，健康保険，失業保険が実施されている．わが国においても昭和初期から特定の業種の労働者に対する健康保険制度が実施され始め，次第にその範囲を拡張している．国家による施策は，労働者の家族のリスクを対象とする社会政策的な性格が強いものだったので，国民の全体をカバーするものではなかった．このような人々のニーズに対して，保険会社が様々な保険商品を提供し，先進資本主義国では大規模な保険会社が成長している．

このように公的な社会保険と民間保険が，家族をとりまくリスクのニーズに対して補完的に発展し，現代に至っている．国によって，これらのリスクの切り分けは異なっているが，日本では，失業保険と労災保険が社会保険によって実施され，健康，傷害，老齢のリスクが，国民健康保険・国民年金制度を基盤として，民間が補完するかたちで制度化されている．さらに2000年からは，介護に関しても社会保険として実施されるようになっている．

9.2 生死に関するリスク

9.2.1 生命に関するリスク

生活者にとって最も深刻なリスクは，生命に関するものだろう．とりわけ死亡は亡くなった人の不幸はもちろんのこと，残された家族にとって，金銭的にも，精神的にも大きなものとなるだろう．死亡に関するリスクは，伝統的には，家計の主体が父親で両親と子ども数人という家族像を前提に語られる傾向がある．このような家族像の源流をたどるとイギリスのヴィクトリア朝にさかのぼるため，「ヴィクトリア的家族像」と呼ばれることもある．このような家族像にうまくマッチした保険が，イギリスで発明された養老保険という商品である．この保険は，死亡保障とともに貯蓄部分を含んだ商品であり，当初は保険料が年払いで高額であったため経済的にゆとりがあるものでないと加入できなかった．そこでイ

ギリスでは 1850 年代以降，小口の月払い保険料の生命保険が販売され，低所得者向けの生命保険が普及するようになった．

現代の日本にあっては，世帯が多様化する傾向にあるので，必ずしも「ヴィクトリア的家族像」を標準と考える必要はないだろう．単身世帯の場合には，特段の事情がない限り高額な死亡保障よりも，一定の生存保障が重要である．このような多様な世帯のニーズにこたえるために民間生命保険で提供できる商品には，どのようなものがあるのかということを考えていきたい．

9.2.2　死亡保障を中心とする生命保険商品の概要

生死に関する基本的な保険商品には，定期保険，終身保険，養老保険，年金保険がある．これらの商品の概要を述べた後で，商品設計上の違いを死亡保障と生存保障という観点から説明したい．

定期保険は，一定期間（保険期間）において死亡した場合に保険金が給付される保険商品である．純粋に死亡保障を行う保険という意味で，第 10 章で解説する損害保険商品によく似ている．生命保険の場合，年齢が上がるほど死亡率が高まる傾向になるので，毎年更新するごとに保険料が上がる．家計にとっては，毎年保険料が上がるというのは「リスク」なので，5 年更新型，10 年更新型などのタイプがある．この場合，保険料は一定期間変わらない．一般的には自動更新特約が付帯されており，契約者が解約する意思を保険会社に伝えない限り，自動的に契約が更新されることになっている．更新に伴って医的診査をする必要はないが，保険料は上がる．

終身保険は，契約してから死ぬまでが保険期間である保険である．死亡したときに保険金が支払われる．これに対して養老保険は，一定の保険期間を設定し，その間に死亡したときには「死亡保険金」を，満期まで生存したときには「満期保険金」を支払うというものである．ちなみに保険期間とは，その期間に保険事故（死亡保障の場合は死亡）が生じた場合に保険金を支払う期間のことをいう．

以上の 3 つの基本商品は，基本的には死亡ということを保険事故と想定している生命保険であるといえる．これらの商品の設計上の特徴を知ることは，死亡に関するリスクをより深く理解するために重要なことである．図 9.1 にこれら 3 つの死亡に関する生命保険の商品構造を示した．これに基づいて死亡に関する生命保険商品の提供する「死亡保障」について考えてみよう．

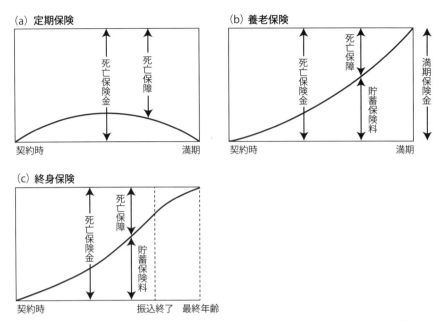

図 9.1 死亡保障に着目した各種生命保険の商品構造（山下・米山, 2010, p.743 より作成）

9.2.3 定期保険

　定期保険は，基本的には死亡保障のみを提供する生命保険である．死亡保障とは，文字どおり死亡に対する保険金給付のことだが，後に説明する養老保険の「死亡保険金」とは異なるものであるということを覚えておいてほしい．なお図9.1のなかにある曲線部分は，死亡保障に対する「責任準備金」を示している．責任準備金とは，簡単にいえば，死亡保障を行うために必要であると保険数理的に計算された資金のことである．定期保険の場合は，保険期間が満了すれば保険会社は保険金を支払う義務がないので，保険期間が終了するとともに消滅するように設計されている．図はイメージで示したものなので，この部分が目立つように大きな面積で描かれている．実際には，年齢にもよるが一定期間に死亡する人は多くないため，死亡保障は死亡保険金にほぼ近い金額であると考えてもよいだろう．

9.2.4 養老保険

これに対して養老保険と終身保険は，図 9.1 に描かれているように，死亡保険金と死亡保障が一致しない．その理由は，生命保険料のなかに，死亡保障のための純保険料と満期保険金のための貯蓄保険料が含まれているためである．養老保険でみると，死亡保障は保険期間が満期に近づくにつれて小さくなり，その代わりに貯蓄保険料の積立額が増大している．保険期間の終了時を満期と呼んでいるが，満期保険金は死亡保障部分はなく，すべて貯蓄保険料によるものである．

死亡保障部分だけを注目すれば，たいへん不謹慎な言い方かもしれないが，他人の純保険料を頂戴するということから，早く死んだ方が得をする商品といえる．養老保険に加入する契約者は，死亡保険金の給付よりも生きていて満期を迎えることを期待して加入する人が多いはずだが，満期保険金は，端的にいえば保険会社に貯蓄保険料として預けた部分が払い戻されたものといえる．

では，定期保険と貯蓄を同時におこなうのと同じかというとそうではない．定期保険は保険期間の間は（図 9.1 で誇張されて描かれている責任準備金部分を無視すれば），死亡保障が一定である．しかしながら，養老保険は，死亡保障が保険期間とともに低減する．そのため定期保険の死亡保障に対する対価である保険料よりも養老保険の死亡保障に対する保険料の方が安くなる．さらに保険契約は，途中で解約すると解約控除といって保険会社に積み立てた金額から一定額を差し引かれるなど，簡単には引き出せない．貯金に関して意志の弱い人には，保険の方が貯蓄を継続できるかもしれない．もし本当にお金が必要な場合は，保険会社に預けた貯蓄保険料の部分を担保にした契約者貸付制度が利用できる．

9.2.5 終身保険

次に終身保険だが，消費者からみるとすでに説明したように養老保険と異なる商品のようにみえる．しかし商品の構造からみると，よく似た保険であるといえる．終身保険は，最終年齢を満期とした養老保険といえる．養老保険が満期まで保険料を継続して払うのに対し，終身保険では保険料の振込終了時を決めている．図 9.1c で示したように，最終年齢までは，死亡保障が消滅しない．最終年齢に死亡した場合には死亡保障が消滅し，貯蓄保険料の積立のみから保険金が支払われるのである．終身保険では通常，最終年齢は 100 歳などきわめて高い年齢に定めている．

終身保険は満期保険金がないので，死ぬまでお金が戻ってこないと思われるが，そうではない．貯蓄保険料の積立部分が大きい場合には，解約すれば，多少の解約手数料は差し引かれるがキャッシュバリューを手に入れることができる．とくに保険料払込終了日を過ぎて解約すれば少なくとも死亡保険金相当の解約返戻金が支払われるので，終身保険は案外貯蓄性の高い商品である．

保険契約の解約はみだりにするものではないが，長期に継続した養老保険や終身保険の場合には，いざというときには解約してキャッシュバックすることも可能だということを覚えておいて損はない．なお「解約」とは契約を一方的に解除することだが，保険法第54条によって，契約者は一方的に契約を解除することが認められている．

9.2.6 生存保障を中心とする生命保険商品

次に生存保障について説明する．死亡保障と生存保障は概念として対照的なものである．生存保障は生存ということを理由に支払われる生存保険金のうち貯蓄保険料部分を除いたものである．

生存保険の代表的な商品は，年金保険である．年金保険は，働いているうちに保険料（掛金）を払い込み，年金払い支給開始日以降，年金払いというかたちで保険金が支払われる．後に述べるように日本には社会保険としての年金があるが，民間の年金保険を購入すれば，長生きした場合の生活資金をより充実したものとすることができる．

民間保険会社や協同組合保険が提供する年金保険には様々な種類のものがあるが，生きている限り死ぬまで年金が支払われる終身払い型と支払開始日以降一定期間だけ年金が給付される確定給付型がある．後述する長寿リスクに対しては，終身払い型の方が安心だが，年金の掛金は高くなる．

年金保険商品の掛金を高くしているひとつの要因は，終身払い型でも確定給付型でも被保険者の生死にかかわらず一定の年金額が支払われるような商品となっていることである．この部分は貯蓄保険料の積立で対応している．このような貯蓄保険料による積立部分を持たず，死亡者には年金を給付しないという純粋な生存保障のみをおこなう年金商品は，まだわが国には存在していない．年金保険商品の販売が予想以上に進まないのは，年金額に対して掛金が高く感じられるためかもしれない．掛金の負担が少ない純粋生存保障商品の導入も検討課題であろ

う．長寿リスクに対する備えが，公的年金と貯金に限定されすぎているように思われる．

9.2.7 病気やケガのリスク

家族をとりまくリスクとして，病気やケガのリスクもある．国民健康保険が，これらのリスクに対する保障を提供しているが，民間保険会社や共済団体も医療保険を発売している．この保険の特徴は，公的医療保険によって生じる自己負担額部分の補てんや，差額ベッド代やタクシー代などの雑費などを補うための保険であり，定額の現金給付が行われるいわゆる所得補償型の保険である．

一般的な民間医療保険商品は，入院，手術または通院に際して，約定された給付日額の日数比例額が給付されるものである．我が国において，この分野の商品はまさに百花繚乱であり，三大疾病に重点を置いた商品や，無告知扱いの商品など様々な医療保険商品がある．消費者としては多様な商品から選択するメリットがある反面，多様すぎて最も自分に適切な商品をみつけることが難しいという問題もある．

9.3 社会保険と生命保険

9.3.1 日本の社会保険

家族をとりまく生命に関するリスクに対して基礎的な保障を提供しているのは社会保険である．繰り返しになるが，家族をとりまく生命に関するリスクには，死亡，老齢，病気，傷害など多くの要因がある．日本の社会保険制度では，これらのリスクのうちとりわけ老齢，病気，傷害，長寿がひきおこすリスクに対して基本的な保障を提供している．具体的にいえば，健康保険および国民年金という制度が対応している．これに加えて，失業や労働災害に対して労働保険（雇用保険と労災保険）も提供され，国民生活の安定化に寄与している．さらに，健康，年金，雇用および労災に加えて，2000年から要介護状態になった人への介護保険が誕生している．

社会保険の特徴は，基本的に国民全体に共通のものであるとともに，強制加入であることである．さらに掛金の一部は政府や雇用者が負担するものが多く，マーケットによって売買される民間保険とは異なる．

9.3.2 健康保険と医療保険—給付の重複の可能性—

　民間保険は，社会保険が形成する基盤の上に，それを補完するサービスを提供している．ここで消費者として注意すべきことが2つある．第1に社会保険と民間保険の給付の重複である．もう1つは社会保険の給付範囲と給付条件を正確に知っておくことである．給付の重複については，健康保険と医療保険が事例を提供してくれる．公的保険である国民健康保険制度では，医療費の3割を個人が負担し，残りが健康保険から給付される．契約者に現金が渡されることはないので，3割負担すれば実損填補されるものと考えることができる．実損填補とは，実際の損害額（この例の場合は医療費実費）が支払われることである．実損填補に対応する概念は定額填補である．定額填補とは，保険事故に際して，実際に生じた損害額ではなく，あらかじめ定められた額の給付金を支払うものである．日本で近年よく普及している医療保険は，給付金の日額を決め，保険事故が起こった場合には，給付金日額を日数で乗じた合計の金額が給付金として支払われるものである．たとえば，日額1万円の医療保険で，2週間入院した場合には，1万円×14日＝14万円が支払われる．このように入院で実際にかかった経費に基づいて給付されるのではなく，実際の損失額（実際の費用）とは無関係に給付される仕組みとなっている．そのため医療のためにかかった費用については3割を支払うだけでよいことを考えると，万が一の場合に必要となる費用をはるかに超える保険を購入する可能性がある．保険の掛けすぎの部分は，保険の重複購入といえるだろう．

9.3.3 高額な医療費に対する備え

　社会保険の存在や意義については理解している人が多いが，どんな場合にどのくらい保険給付されるのかについて知らないことが多くあるのではないだろうか．3割負担とはいえ，重大な病気やケガで手術・入院した際の費用は大変高額になることがある．また腎臓の人工透析の費用は3割負担であっても家族に大きな負担となる．高額な医療費に対する準備が必要であることはいうまでもないが，場合によっては実額で1000万円を超えることがあるため，定額の医療保険では対応することができない．

　ここで案外知られていないのが，医療費に関する高額療養費制度である．健康

保険制度では，家計が高額な医療費負担に耐えられるように，一定額以上の医療費はすべて保険で負担するという制度であり，1カ月で医療費の上限を超えた場合は，この制度によって払い戻される．上限額は年齢や所得に応じて決められており，いくつかの条件を満たすとさらに負担の軽減が認められることもある．

日本の健康保険制度は，保険で認めた医療の範囲内で生じた費用ならば，家計負担が重くならないようにする高額療養費制度を備えているので，この点について，過度な心配をして民間保険や貯金を行う必要はない．

9.3.4　長寿リスク対策—国民年金と個人年金—

国民年金については，制度的な不安が喧伝されている．少子化・高齢化が進むと将来において年金財政が破綻するというものである．年金制度は，国が責任を持って行うことであるから，破綻して消滅するということはありえない．むしろ心配の原因は，長年掛金を払っても現在維持している年金の給付水準より低い年金しか受け取れないという不安である．

そのため，国民年金制度に掛金を預けるよりも，自分で運用した方が得であると考える人もいるかもしれない．ここで注意したいのは，貯蓄・投資と老齢年金との違いである．老齢年金は，自分が生きているかぎり給付されるものだが，貯蓄は一定額を使い果たしたらなくなってしまう．長寿リスクとは，長生きをしたにもかかわらず，経済的に困窮してしまうというリスクである．それゆえ長寿リスクをヘッジするためには老齢年金が最適な手段なのである．

さらに国民年金制度には，障害者年金や遺族年金などの制度もある．加入は20歳からだが，大学生の場合には，掛金を免除する制度もある．国民年金が強制加入であるということとは別に，長寿リスクの存在をよく考えて，年金加入を検討する必要がある．

現在の国民年金の支給額は，掛金を必要な期間十分に払っている場合には，月額6万円程度である．ここから介護保険料などが控除されるので，生活するためには決して十分な額ではない．ただし企業に勤務した人は企業年金が上乗せされるので，月額6万円というのは最低限の金額と考えてほしい．そこで老後の生活費を補填するために金融商品を購入することが考えられる．

自助による資産形成ができていれば問題がないが，民間生保などが販売している個人年金を購入することもできる．たとえば，退職時に退職金の一部で一時払

い個人年金を購入して長寿リスクに備えることもできる．この場合に注意しなければならないことは，投資性を重視すると長寿リスクへのヘッジは不十分になることである．不動産（ストック）を所有している人は，リバースモーゲージという金融商品を購入することもひとつの方法である．これによって同じ家に住みながら，ストックをとりくずすことによって継続的な現金収入を得ることができる．ただし，日本の場合は住宅寿命が短いことなどの諸問題があって，リバースモーゲージの合理的な価格設定が難しいようである．そのため銀行などが提供している日本型のリバースモーゲージの特徴をよく理解したうえで購入する必要がある．

9.3.5 介護保険制度と介護保険商品

介護保険制度は，介護制度と一体になった社会保険制度である．様々な問題はありながら，社会に一定程度定着し，高齢社会を支える基盤の１つともなっている．介護保険の制度設計が高齢者の介護に的を絞っていたことは，ある意味で先見の明があったのかもしれない．

介護保険制度は，医療を含む様々な機関が一体となって機能しているため，民間保険が補完できることは限られている．介護保険で給付できない追加的給付や介護保険の給付限度を超える費用は，自己負担となるが，この部分をカバーするのが民間の介護保険ということになる．

しかし実際には，このような追加給付を実損填補するような介護保険はほとんど売られておらず，要介護状態になった場合に一時金または年金払いで保険金が支払われるという商品が主流となっている．万が一自分が要介護となった場合に残された家族に金銭的な負担をかけたくないという動機で加入する人が多いと聞くが，若いうちに要介護状態にならない限り，介護保険制度によって相当の費用は賄うことができ，所得額（年金額）に応じた減免措置もあるので，法外に高い介護保険を購入する場合にはその必要性をよく検討する必要がある．

9.3.6 雇用保険と労災保険

雇用保険と労災保険は労働保険といわれ，掛金は給与から源泉徴収される．掛金は従業員と企業が折半することになっている．雇用保険は，失業して再雇用を希望する人に対し，一定の期間，一定の所得を補償するものである．任意加入と

すると失業のリスクが高い人ばかり集まるので，強制加入としている．雇用保険には，企業が全額掛金を支払っている雇用促進のための基金があり，失業中に資格を取得して再雇用に備える人々に金銭的な支援をしている．

労災保険は，働いているときに起こった災害に対する医療費その他の損失を社会保険でカバーするというものである．労働現場でケガをした場合には，その治療費は3割負担ではなく，全額労災保険から支出される．そのため労災の認定がでるかどうかは，災害にあった家族にとっては大きな関心事である．災害の定義は別にしても，労働現場の範囲や内容をめぐって労災の認定に関して裁判で争うケースがある．

労災保険があると，サラリーマンは，安心して働くことができる．より従業員が安心して働く環境を作るために，企業によっては労災の認定がでなかった場合に，企業が民間保険会社から労働者災害賠償保険を購入することもある．日本では労災保険の保険金額はわずかだが，労災保険が社会保険として存在していないアメリカでは，多くの企業が民間保険会社から労働災害賠償保険を購入している．

本節では，民間の保険会社や共済団体が，日本の社会保険制度を前提に各種商品を発売しているということを明らかにした．そのうえで，社会保険の仕組みや給付を知ることで，家族をとりまくリスクをより合理的にヘッジする手法を考えることができるということを指摘した．　　　　　　　　　　　　〔米山高生〕

文　献
山下友信・米山高生編（2010）『保険法解説―生命保険・障害疾病定額保険―』，有斐閣．

第10章 生活者のリスクについて考える②

　現在のキャッシュを将来のキャッシュに転換する商品であるという意味で，保険は預金や投信などの金融商品と異なるものではない．保険契約という法的な規律のもとに「売買」されるのはそれなりの根拠がある．この商品が得意な分野は，損害保険のように万が一大きな損失が生じるような事象である．それがなぜなのかは，最後に説明する保険の仕組みを知ると理解できるはずである．

10.1 保険事業と保険契約に関する基礎知識

10.1.1 保険を提供する事業主体

　民間保険会社が提供する保険商品のほかに各種共済団体が提供する協同組合保険もある．保険業法を根拠法とする民間保険会社に対して，農業協同組合法を根拠とする JA 共済，生協法を根拠とするこくみん共済 COOP など多数の根拠法によって共済事業が営なまれており，また監督官庁も農林水産省，厚生労働省など様々である．

　新保険法以前の商法の規定は，共済契約をその対象としていなかった．しかし，企業形態と組織理念が異なるとはいえ，消費者にとって生活をとりまくリスクに対応するという意味では，共済も保険も同じである．そこで 2010 年に施行された新しい保険法では，第 2 条の定義規定において「保険契約，共済契約，その他いかなる名称であるかを問わず」とされ，共済も対象とされることになった．

　以上のように契約という面では共済も保険も同一の基本ルールに基づくものだが，共済は協同組織を基盤とする協同組合保険であるため，保険業法を根拠法とする民間保険会社とは異なった特徴を持っている．また一口に協同組合といっても農協や漁協のような生産者協同組合ばかりでなく，消費者や従業員を構成員とする消費者協同組合などもあり，それぞれの共済は母体の協同組合の特徴を強く

反映しているので，共済商品には民間保険会社の保険商品以上に多様性がある．

10.1.2 金融商品としての保険商品

保険・共済は，預金や投資信託などのほかの金融商品とは異なる特徴を持っている．しかしながら，保険・共済も金融商品であるという側面を持っている．金融商品は，キャッシュフローを転換する商品である．定期預金を例にあげてみよう．預金者の立場からいうと，現在のキャッシュと満期時のキャッシュを交換する商品である．保険・共済も掛金というキャッシュに対して，将来においてある不確実性を伴ったキャッシュフローつまり保険金を提供するという点で金融商品である．

保険・共済がほかの金融商品と異なる点は，商品の購入において保険会社にリスクを移転することである．1000万円以上の定期保険を想定すれば，定期預金を購入することにより，ペイオフの1000万円を差し引いた金額についてのリスクを負うことになる．言い方を変えれば，銀行の信用リスクを負担したということになる．これに対して，保険法の保険の定義を引用するまでもなく，保険契約者のリスクを保険者が引き受けるのが保険契約である．さらに，保険・共済は，いったん契約が成立すると，特段の理由がない限り保険者から契約を解除することができないことが保険法に定められている．

生活者が伝統的な保険商品を購入することと，株式を購入することとは，リスクの移転という意味で大いに異なっている．しかし，保険商品のうちでも「金融商品」と呼ばれている保険については，貯蓄の比率が多くリスク移転の部分が小さい．

10.1.3 商品の選択

生活者が保険・共済商品を選択する際に注意すべき基本について明らかにしておこう．まず民間保険会社の商品を選ぶか，共済の商品を選ぶのかということについて考えてみよう．基本的には，保険・共済が提供するサービスが自分の必要に合っているのかを考える必要がある．この意味では，民間保険会社も共済団体も違いはない．違いがあるとすれば民間保険会社の保険商品は，特に健康などの特段の事情がない限り，誰でも保険会社の商品を購入することができる．これに対して共済の場合は，協同組合の出資者となって初めて共済サービスを受けるこ

とができる．共済は，保険会社のように不特定多数の見込み客を相手にビジネスを行っていない．あくまで協同組合という原則に従った活動に基づいたものとして，共済が提供されるということが原則である．

10.1.4　保険契約の構造

保険を購入する場合に，保険契約の構造と保険用語を知っていると便利である．保険契約の詳細は，保険約款（共済規約）に記載されている．保険約款は保険者が勝手に作成できるものではなく，監督官庁の認可あるいは届出が必要である．また保険法の規律に従ったものである必要がある．

保険の実務では，保険を引き受ける保険会社や共済団体のことを保険者といい，契約のもう一方の当事者で保険料を支払う人のことを保険契約者という．保険契約者以外に被保険者とか保険金受取人などの用語も使われるが，被保険者とは，保険事故が起こったときに保険給付される人のことをいい，保険金受取人は保険金が給付される人のことをいう．ここで保険事故とは，保険者が保険給付をすると約束したイベントのことをいっている．狭い意味での「事故」でないことに注意してほしい．

生命保険では，保険契約者と被保険者と保険金受取人がすべて異なる場合がある．自分の妻を被保険者として保険金受取人を子どもとするような場合である．損害保険では，通常の契約は保険契約者と被保険者は同一人物であることがほとんどだが，運送保険には保険契約者（運送業者）と被保険者（荷主）が異なる契約もある．保険契約のための書類には，これらの専門用語が記載されているので，覚えておくと便利である．

10.1.5　保険契約に際して知っておくべきこと

契約に際して知っておくべき重要なものとして，告知制度がある．告知制度とは，保険者の質問に対して，保険契約者が正しく答えなければならないという制度である．保険契約では，保険者は被保険者の私的情報を簡単に知ることはできない．たとえば契約に際して被保険者が自らの体調がすぐれていないことを知っていても，保険会社はそのことをただちに知ることができるわけではない．こういう状態のことを，情報の非対称といっている．この状態で契約を行うと，体調がすぐれないと自覚をしている人がこの契約にたくさん集まってくる．このよう

な事象を逆選択と呼んでいるが，逆選択が生じると保険事業の収支が成り立たなくなる．逆選択が生じないようにするためには，あらかじめ体調がすぐれていないと自覚している人の契約は断る必要がある．

　告知制度は，保険会社が保険契約を引き受けるに際して逆選択が生じないように，保険料計算に関連する重要な事項について質問する制度である．保険契約者は，保険者が質問する事項を正しく答えれば告知義務を果たすことができる．契約後に不告知や不正告知が判明した場合には，保険会社は契約を解除することができる．告知義務違反をした契約者に対しては，保険金の給付が行われないばかりか，それまで支払っていた保険料も返還されない．

10.1.6　募集側の義務

　告知制度は保険契約者や被保険者に対して強い制裁規定だが，保険を募集し，共済を推進する人の側に対しても，責任ある販売を行う義務が課せられている．情報提供義務と意向確認義務がこれにあたる．保険契約にあたっては，商品に関する十分な情報を提供し，顧客のニーズを正確に理解したうえで，成約する前にこの商品が顧客の意向に沿ったものであるのかを確認することが求められている．保険は複雑なうえ，家計にとって決して安い商品ではないので，必要な説明と十分な理解を経て購入することが大切である．

　以上のように，保険の売買は，保険契約というかたちで行われているため，保険者にも保険契約者にも権利と義務がある．とりわけ保険実務に関しては保険者が圧倒的な情報優位の地位にあるため，保険契約者保護制度が整備されている．これは契約している保険会社が破綻した際に，契約者が積み立てているキャッシュバリューが一定程度補償されるというものである．

10.2　損害に関するリスク

10.2.1　損　害　保　険

　第9章では，家族をとりまく生死に関するリスクを中心に検討した．ここでは，家族をとりまく財産に関するリスクについて説明する．財産に関するリスクを引き受ける商品を提供しているのは，損害保険会社と比較的大きな共済団体である．生命保険事業と損害保険事業の分離は，保険業法の規定に基づいている．

118　　　　第 10 章　生活者のリスクについて考える②

ヒトとモノのリスクの中間にある疾病や傷害のリスクは，第三分野と呼ばれていて，生保と損保の間に一定の線引きが行われてきた．今はこの分野については，生命保険会社も損害保険会社も取り扱うことができることになっている．共済団体には生損分離を規定する保険業法が適用されないので，大規模な共済団体は生命共済と損害共済をあわせて提供している．

　本節では，損害保険会社および共済の提供する損害保険商品を解説し，最後に保険の仕組みについて考えることにする．損害保険商品の詳細を知るには，日本損害保険協会のウェブサイトの「各社の商品について」が便利である．

10.2.2　自動車保険

　損害保険の分野で最も重要な商品は自動車保険である．自動車保険を提供するのは，ほぼすべての損害保険会社と JA 共済およびこくみん共済 COOP の 2 つの自動車共済である．自動車保険は，一般には，運行者 1 人ひとりではなく，個々の車両に対して契約する．通常は，その車両の所有者が契約者となる．最も広い契約は誰が運転しても保険の対象となる契約だが，家族に限定すると割引が適用される．いずれにせよ，誰が運転するのかについては，契約時に申告する必要がある．

　自動車保険には，過去の事故歴によって保険料が変わる「ノンフリート等級制度」というものがある（図 10.1）．自動車保険に新しく加入する人は通常は 6 等級から始まる．契約して 1 年間無事故だと翌年は右側に 1 段階移動し 7 等級となり割引率が 30%と大きくなる．保険事故があり保険金給付を受けると 3 段階左に動く．つまり翌年は 3 等級となり保険料は通常の保険料の 12%割増となる．3 等級の場合には「無事故」「事故有」の区別はないが，10 等級の人が保険事故を起こすと 3 段階左に動き 7 等級となり，かつ 3 年間は下段に示された「事故有」という保険料率が適用される．「事故有」でも，1 年間無事故だと右側に移動す

等　級	1 等級	2 等級	3 等級	4 等級	5 等級	6 等級	7 等級	8 等級	9 等級	10 等級
無事故	+64%	+28%	+12%	−2%	−13%	−19%	−30%	−40%	−43%	−45%
事故有							−20%	−21%	−22%	−23%
等　級	11 等級	12 等級	13 等級	14 等級	15 等級	16 等級	17 等級	18 等級	19 等級	20 等級
無事故	−47%	−48%	−49%	−50%	−51%	−52%	−53%	−54%	−55%	−63%
事故有	−25%	−27%	−29%	−31%	−33%	−36%	−38%	−40%	−42%	−44%

図 10.1　ノンフリート等級制度（米山，2015，p.186）

るが，3年間無事故が続くとその翌年は「無事故」の割引率となる．

　共済団体の自動車共済も保険会社と事故情報を共有し，ノンフリート等級制度が適用されている．共済から保険へ，あるいは保険から共済への契約の変更の際には，若干煩雑な手続きが必要であるようだが，商品内容については，特に大きな違いはないようである．

10.2.3　自動車保険の給付内容

　自動車保険の給付内容を大きく分けると，財産保険，賠償保険および傷害保険の3つの部分がある．財産保険は，車両保険のように財産としての自動車が保険の目的である．ちなみに保険の目的とは，保険制度の目的ではなく，保険事故の対象となるモノという意味である．自動車の損害は，事故による破損だけではなく，盗難による損害もある．

　賠償保険については，対人賠償と対物賠償の2つに分けることができる．対人賠償とは，交通事故に他人を巻き込んでしまい，損害賠償する責任が生じたときに必要なものである．対物賠償とは交通事故で他人の財物に損害を与え，それに対して賠償する責任が生じたときに必要となる．対人賠償については，自動車賠償責任保険（自賠責）という制度があり，自動車運行者に対して加入が義務化されている．民間保険の対人賠償は，自賠責の限度額を超えた部分を給付するものである．この制度の詳細については後述する．自動車保険で強制加入は対人賠償のみであるから，財産保険，対物賠償および傷害保険は任意加入である．

　傷害保険では，自動車事故によって搭乗者にケガがあった場合に医療費が給付される搭乗者傷害保険などがある．このほかに事故の相手方が無保険車だった場合に保険金が給付される保険などもある．

　以上のように説明すると自動車保険を購入するのは複雑で大変なことであると思われるかもしれないが，自動車保険はこれらの保険をパッケージ化して商品化されているので，必要なリスクのヘッジを忘れてしまうという心配は少ない．生活者としては，パッケージ化されていても様々な給付内容があるということについて深く認識しておくことが大事である．

　自動車保険の契約時に様々な割引条件があることを知っておく必要がある．たとえば運転者を40歳以上の夫婦に限定すると割引が採用される．またエアバッグなどの安全装置を備えている車両にも割引が適用される．逆に20歳になった

子どもが運転免許を取得した場合に夫婦限定割引を外しておかないと，子どもが運転中に起こした事故については保険金の給付がおこなわれない．

10.2.4　自賠責保険

　自賠責保険は，交通事故死が多数となって交通戦争といわれたほどの社会問題となっていたのを受けて 1955 年に自動車損害賠償保障法によって制度化された．制度の目的は，交通事故の被害者救済であった．補償の上限額が定められているが，現在は 3000 万円（後遺障害の場合は増額あり）が上限とされている．

　交通事故の被害者は，加害者が任意の自動車保険に加入していなくても，自賠責保険から賠償を得ることができる．ただし賠償額が自賠責を超えるような場合には，加害者の自己負担となる．任意保険の対人賠償保険は，上限を超えた賠償額を支給する保険である．保険金支払は，自動車保険会社が一括して行い，しかも被害者からの直接請求が可能となっている．

　自賠責保険は，このようにして交通事故の被害者救済に役立ってきたが，保険料の徴収について車検制度とリンクするなどの工夫がありシステムとしてもうまくいっている．自賠責保険の保険料は，新車購入の際に 3 年分徴収し，徴収された保険料は 3 年未満で車両を売却しても返還せず，中古車両に持ち越される．そのため中古車を購入した際には，車検までの間はとくに自賠責保険について考える必要はない．車検時に自賠責保険の保険料を支払わないと車検が通らない．車検時に次の車検までの保険料を徴収するので，無保険車が生じる可能性は極力小さくなっている．

10.2.5　火災保険

　生活に関する財産リスクのうちで自動車保険と並んで重要なリスクは火災だろう．住宅は生涯のうち最も高い買い物であるともいわれているが，せっかく購入した住宅が火災で全焼した場合，住む場所を失ってしまう．住宅ローンを組んで購入する場合には，ローン期間中に債務者が死亡することに対応するための信用保険および火災保険をあわせて購入することが勧められる．場合によっては，この保険の加入が融資のための条件となる場合もある．

　住宅ローンは住宅が担保となるので，銀行にとっては，火災による焼失で担保となる住宅がなくなってしまうことになる．銀行としては，債務者に火災保険に

加入してもらい，担保の保全を期待するわけである．同時に住宅ローンの借手である住宅の所有者にとっても，万が一の場合に補償が得られる．

戸建住宅だけではなく，分譲マンションでも火災保険を購入できる．また賃貸の場合も家主に対する賃貸者の賠償責任を補償する火災保険商品がある．詳しくは日本損害保険協会のウェブサイトなどを参照してほしい．

10.2.6 火災保険の給付内容と免責事項

火災保険といっても，家計を対象とした火災保険には，火災だけをカバーする保険はない．台風による被害や雪害などについても保険給付が行われる．水回りの事故，たとえば寒冷地の水道管の破裂なども補償の対象となることが多いので，給付の内容によく注意しておく必要がある．

現在の火災保険は住まいに関する財産損害のほとんどをカバーしているが，例外的にカバーできないリスクもある．これを保険会社が給付責任を負わないという意味で「免責」事項というが，地震や戦乱はその代表的なリスクである．一般の火災保険約款では，これらのリスクは免責とされている．

戦乱はともかく，日本では地震については，それほど珍しいリスクではない．地震リスクについては，我が国では次に述べるように独自の制度を設立し，生活者の地震リスクに対応するよう努められている．

10.2.7 地 震 保 険

地震は1箇所に集中して起きるので，その地域全体に被害が及ぶ．つまりリスクが集中している．保険という仕組みは後述するように，リスクを分散することによって，大きなリスクを引き受けることができる．地震リスクの場合は，リスクを分散することが難しい．そのため何十年に1度の損害を想定して多額の責任準備金を積み立てておく必要がある．つまり地震リスクに対応するためには資金コストがかかる．

保険会社は保険料にこの資金コストを上乗せすることになる．その結果，消費者はめったに起こらない地震リスクのために高い保険料を支払うのを嫌って，地震保険を購入する意欲を失ってしまうかもしれない．

このような問題を解決するために考案されたのが地震再保険制度である．この制度は，各社の地震保険料をプールして積立金を形成し，積立金を超えた額につ

いては，政府が保障するというものである．各社の保険料をプールすることによって，大数の法則によってリスクが分散し，かつ政府保障によって資本コストを節約することができる．その結果，より低廉な保険料で地震リスクをカバーする手段を提供できるのである．

ただし現行の地震保険商品では，家屋のリスクをフルにカバーすることはできず，保険金支払の限度額が設けられている．もともと地震再保険制度の目的は，財物のフルカバーではなく，地震被害直後の生活の立て直しのための資金調達ということが強調されている．生活者としても地震保険の限界を知ったうえで，地震という何十年，何百年に1度のリスクに備える必要がある．なお地震保険は単体では購入できず，火災保険に付帯するかたちで購入する．

10.3 損害賠償に関するリスク

10.3.1 賠償責任保険

損害保険会社は，賠償責任に対しても保険を提供している．家族をめぐるリスクのなかで賠償責任は大きいとはいえないが，すでに述べた自動車保険などでは賠償保険は重要な要素となっている．

自動車事故と異なり火事に関する限り賠償責任保険は重要ではない．自分の家の火事が隣家に燃えうつっても，「失火責任法」（1899年）により重大な過失がある場合を除いて賠償責任を負う必要はない．

医師，弁護士などの専門職に関する職業上の損害賠償責任保険がある．しかしこれらは家族をとりまく一般的なリスクではない．あえていえば，他人のモノを壊したときの弁償を支弁する賠償保険がある．たとえば子どもは商店や友達の家で高価なものを破損する場合がある．被害者は，子どものことなのであえて弁償を請求しないかもしれないが，保険や共済の賠償保険に加入している場合には，快く弁償させてくれるかもしれない．

10.3.2 団体信用生命保険

団体信用生命保険は，賠償責任保険ではないが，債権債務関係の維持に必要な保険である．

団体信用生命保険とは，住宅ローンを借りるにあたって契約する団体生命保険

の一種で，ローン返済の途中で債務者が死亡した場合に，ローンの残額に対応する死亡保険金が支払われるものである．これにより銀行の債権は保証され，また債務者にあっても万が一の場合に残された家族が住宅ローンの残額の債務を負う必要がないというものである．この保険は，死亡リスクと信用リスクと住まいのリスクが一括して解決できるという意味ですぐれた保険商品といえる．

ただしまったく問題がないわけではない．団体信用生命保険の基本は生命保険であるため，債務者が重大な疾病を持っている場合などは契約できないことである．これだけなら問題は小さいのだが，民間金融機関のほとんどは団体信用生命保険の加入を条件として住宅ローンを契約しているので，重大な疾病を持っている人は住宅ローンを借りることができない場合がある．

病弱な人であっても住宅ローンを借りることができるのが望ましいので，何らかの方策が必要だろう．少なくとも団体信用生命保険の加入を条件としない住宅ローンの提供や，団体信用生命保険の保険料に弱体者割増をするなどが考えられる．

10.4 保険の仕組み

10.4.1 リスクをより深く考えてみる

これまでリスクという言葉を広い意味で使ってきた．生活者をとりまくリスクを考えるうえではそれで問題はなかった．しかしリスクをマネジメントするという視点から考えると，リスクを定義したり，計量化したりする必要がある．

生活者をとりまくリスクの場合は，「将来の損失の可能性」のことをリスクと考えて何ら差支えないが，保険の仕組みを考えるときには，リスク概念をもう少し広げて考える必要がある．たとえば，「将来の損失の可能性」を小さくすることは大切だが，果たして保険は「将来の損失」を小さくするのだろうか，あるいは「損失の可能性」を小さくするのだろうか．

10.4.2 不確実の意味と確率変数

将来の結果は不確実である．不確実ということの意味は，ある一定の結果に定まらないということであり，結果がどうなるのか皆目わからないということではない．つまり不確実とは，ある結果になるが，どんな結果になるか定まっていな

いということだ．生活をとりまくリスクのほとんどはこのような「不確実」なのである．

数学に変数という概念がある．$Y = aX + b$ という場合の X や Y が変数である．a と b は定数といってある定まった数字だが，変数は，X が決まると Y が決まるというように当てはまる数字が変わる．不確実な結果も変数に相当するが，この変数は，結果（つまりその数値）が確率的に決まってくるという性質を持つ変数である．このような変数のことを確率変数と呼ぶ．

10.4.3　損失の期待値（期待損失額）

保険の対象とする「リスク」は，確率変数であると考えることができる．確率変数は，何回も繰り返し観察すると平均的に一定の値に決まってくる．ここで結果を事故の損失額であるとすれば，平均的には1件あたりこのくらいの損失額になるという値があるはずであり，この値を損失の期待値（または期待損失額）という．

保険やリスクマネジメントの教科書に出てくる期待損失額とは，このようなものである．期待損失額は，大量の「リスク」を観察したときの平均的な1件あたりの損失額であるが，この平均値に対する損失額のバラツキは一様ではない．このことは，中学生の体重の平均が 50 kg だからといってすべての中学生の体重が 50 kg ではないことからも想像できる．確率変数による結果の分布の平均値である期待値が一緒であっても，結果のバラツキが大きいものから，小さいものまでいろいろある．

10.4.4　期待値まわりの変動（バラツキ）

図 10.1 は，縦軸を確率（厳密には確率密度），横軸を結果としてある確率変数の分布を図示したものである．ここでは説明を簡単にするために，いわゆるクセのない正規分布を想定している．この図から次の2つのことがわかる．第1に，期待値が同じでもバラツキが違うことがあること．第2に，バラツキが小さい方が，より尖った山型になることである．

ここで考えてほしいのは，尖った山となだらかな山とどちらが大きなリスクであるかということだ．現実の山登りの場合は尖った山はリスク（危険）が大きそうだが，バラツキが大きいのはなだらかな山の方である．バラツキが大きいとい

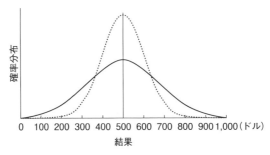

図 10.1　結果のバラツキの模式図

うことは，結果の不確実性が大きいということであるから，リスクは大きいということである．よってこの図ではなだらかな山型が大きなリスクであるということになる．

10.4.5　保険におけるリスクの定義

保険やリスクマネジメントの教科書では，リスクの定義を「損失の期待値または損失の期待値まわりの変動性」と述べている．後者の「期待値まわりの変動性」とは，図 10.1 のバラツキの大きさのことである．金融の世界では，このことを「ボラティリティ」と呼ぶことがあるが，保険の世界では，保険の仕組みが分散する対象とするものなので「リスク」と呼んでいる．

保険は，損失の確率分布を持っている人をたくさん集めて，「リスクを平均化」する仕組みだが，これについては，図 10.2 をみてほしい．正の完全相関でないかぎり，リスクをたくさん集めれば集めるほど 1 件あたりの損失の期待値まわりの変動性（バラツキ）は小さくなる．この図からこのことが視覚的に理解できるだろう．最後にこの図を説明して本章の結びとする．

図 10.2 の実線は，ある個別企業の賠償責任の分布を示している．少額の賠償額の確率が多い反面，万が一の場合は 10 万ドルという高額な賠償を支払わねばならない．同様な賠償責任の確率分布を持った多数の企業のリスクをプーリングすると，1 件あたりの損失の期待値は，2 万ドルと変わらないながら，結果は期待値まわりに集まっており，高額な損失額が発生する確率は 0 に等しくなる．保険会社は，プーリングを代行し，期待値まわりの変動性を小さくしているのだ．保険の仕組みとは，このような仕組みであり，保険の仕組みが小さくするリスクとは，損失の期待値そのものではなく，期待値まわりの変動性なのである．この

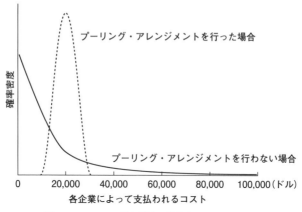

図 10.2 リスクの数と損失の期待値まわりの変動性

効果のことを保険の分野では,保険による「リスクの分散」とも呼んでいる.

　生活をとりまくリスクの場合は,「将来の損失の可能性」という定義で十分だったが,保険やリスクマネジメント,そして金融の分野で考えたり,保険によって分散できるリスクが何であるのかを考えたりする場合には,リスクの定義を「期待値まわりの変動性」と理解することが有益である.　　　　　〔米山高生〕

文　献

米山高生 (2015)『リスクと保険の基礎理論』,同文舘出版.

第11章 お金をふやす①

　本章と第12章では，家計が「お金をふやす」ための意思決定を行ううえで身に付けておきたい知識や考え方を紹介する．本章では，まず投資の意味を確認し，投資の意義と投資について学ぶ理由を考えることから始める．

11.1 投 資 と は

　今，あなたは支出額を所得以下の水準に抑えたとしよう．あなたは使わなかったお金をどのように管理するだろうか．現金で持っておくか，銀行に預金するか，あるいは株式や債券，投資信託などで運用するかもしれない．このように将来に向けてお金を蓄えること（資産形成）を考えるとき，使わなかったお金を現金のまま自宅の金庫などで保管したり銀行に預貯金したりすることを貯蓄，株式や債券，投資信託などで運用することを投資と呼ぶ．すなわち，投資とは，価格が変動する可能性のある金融資産を購入することを意味する．ただし，価格が変動する金融資産を購入する場合であっても，日々の価格の変動のみに注目し，短期的に金銭的利益を得ようとする行為は投機と呼ばれる．資産形成の場面では，株式や債券の発行主体の長期的な成長・発展，そして，その成長と発展からもたらされる金銭的利益を期待して資金を投入することを投資と定義する．このような投資は，金融的投資とも呼ばれる（図11.1）．

　一方，マクロ経済学では，上述の使われなかった所得を貯蓄と定義する．家計が選択した金融資産の種類によって貯蓄と投資を使い分けることはしない．マクロ経済学では，企業が工場を建てたり新たな機械を購入したりする行為や，家計が住宅を購入する行為，政府の公共投資など，新たに資本財を購入することを投資と呼ぶ．国や企業の将来の成長・発展を期待して資金を投入することが投資と定義されるのである．このような投資は，実物的投資と呼ばれる．家計の住宅投資は，経済に与える波及効果が大きいことから，マクロ経済学では，通常，投資

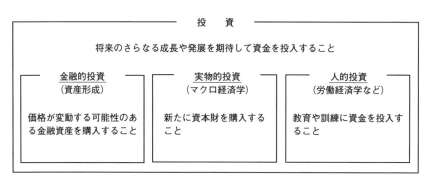

図 11.1 投資の種類

とみなされる（図 11.1）.

また，労働経済学や経営学を学んでいると，人的投資や教育投資という言葉を目にする．このとき，投資は，個人の能力そして生産性を高めるために教育や訓練に資金を用いることと定義される（図 11.1）.

いずれの場合も，投資は，国や企業，家計・個人の将来のさらなる成長や発展を期待して資金を投入することを指すが，注目する課題によってその定義は少しずつ異なる．家計にとっては教育投資や住宅投資に関する意思決定も非常に重要であるが，本章と第 12 章では主に金融的投資に着目する．このため，以下では，特に断りを入れない限り，金融的投資を指して投資と呼ぶ．

11.2 投資の意義

11.2.1 お金をふやす手段としての投資

我が国では，1980 年に中期国債ファンドの取り扱いが始まったことを機に，家計が選択できる金融資産の導入が相次いだ．特に 1996 年の金融市場・金融システム改革，いわゆる日本版ビッグバン以降，我が国の金融自由化はますます進展し，家計が選択できる金融資産の種類と数は大きく増加した．現在，家計は身近な金融機関である銀行，保険会社，証券会社を通じて，自らの余剰資金を預金や保険，債券，株式，投資信託などの多様な金融資産で運用できる（図 11.2）.

ただし，預金金利が低く抑えられている昨今（表 11.1），銀行などの預貯金は，ふやすことよりも貯めることに重点を置いた金融資産になっている．一方，債券や株式のように価格が変動する可能性のある金融資産は，価格が下がること

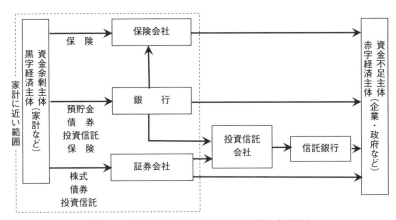

図 11.2　家計に身近な金融機関と利用可能な金融資産

表 11.1　定期預金の平均年利率（店頭表示日 2019 年 7 月 8 日）

(年利率%)

預入金額	普通預金	定期預金									
		1カ月	3カ月	6カ月	1年	2年	3年	4年	5年	7年	10年
1000万円以上	0.001	0.010	0.010	0.010	0.010	0.011	0.012	0.012	0.014	0.015	0.018
300万円以上 1000万円未満		0.010	0.010	0.010	0.010	0.011	0.011	0.011	0.014	0.015	0.018
300万円未満		0.010	0.010	0.010	0.010	0.011	0.011	0.011	0.013	0.014	0.017

注）預入期間 3 年以上は，半年複利ものの店頭表示金利（年利率表示）平均．
日本銀行の統計「預金種類別店頭表示金利の平均年利率等について」をもとに筆者作成．

で損失を抱えることもあるが，価格が変動するリスクを負担しなければならない分，一般に高い収益率が期待できる．たとえば，個人向け国債は 1 万円単位で始めることができ，発行から 1 年経過すれば中途換金もできる預貯金に似た金融資産であるが，5 年満期の個人向け国債の 2019 年 7 月現在の表面利率（額面金額 100 円に対する 1 年分の利子がパーセント表示で示された値）をみると，0.05% である．これは前出の表 11.1 に示した 5 年満期の定期預金の金利よりも高い．このように，投資は家計が自らのお金をふやす手段になりうるという意義を持つ．

11.2.2　発展を期待する分野を直接支援する手段としての投資

前出の図 11.2 に示したように，家計の余剰資金は各金融機関を経由して最終

的に企業や政府などの赤字経済主体（資金不足主体）に融通される．赤字経済主体である政府や企業は融通された資金を用いて公共事業や設備投資を行い，その結果として私たちはより生活しやすい環境や質の高い商品やサービスを手に入れることができる．質の高い商品やサービスを生産することで企業が大きく成長すれば，日本経済の成長率も高まると期待できる．

このように，家計の余剰資金が赤字経済主体に融通されることは，私たちの生活の質や消費に対する満足度を高め，日本経済の成長を支える．ただし，家計の余剰資金が預貯金や保険で運用された場合，家計は自らの資金の最終的な運用先を決定することはできず，成長を期待する企業や事業を直接支援することもできない．国内銀行の保有する主要な資産残高の推移（図11.3）をみると，国内銀行の全資産残高に占める貸出金の割合は，1980年には70.9%であったが2018年には51.3%にまで低下している．株式等・投資信託受益証券の割合も，1980年の7.2%から2018年の3.3%まで低下している．一方，現金・預金の割合は，1980年には3.1%であったが2018年には22.8%まで高まっている．もちろん銀行は，今後の成長が期待できる産業や企業，事業を発見し，資金面で支援していくための新たなビジネスモデルを模索している．しかし，現段階では，家計が銀行に預け入れた資金は，家計が支援を期待する企業や事業に融資されず，銀行内で現金のまま保有されたり，日本銀行当座預金に預け入れられていたりする可能

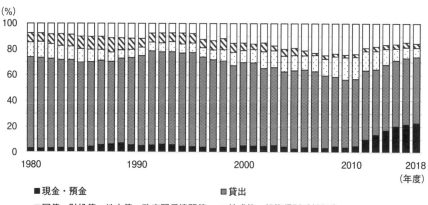

図11.3　国内銀行の資産の推移
　各年度末の値を示している．日本銀行の統計「資金循環」をもとに筆者作成．

性がある．家計が債券や株式に投資すれば，家計は資金の提供先を自身が決定でき，直接，今後の発展を期待する企業や事業を資金面から支えることができる．

コラム●より直接的な事業支援手段としてのクラウドファンディング

　近年，クラウドファンディングという言葉を見聞きする機会が増えている．クラウドファンディングとは，資金を調達したい個人や企業が，インターネット上のプラットフォームを経由して，不特定多数の資金提供者（＝群衆，crowd）から少額ずつ資金を集める仕組みである．日本最大規模のサイトのCAMPFIREのほか，学生のアイディアの実現を目的としたアスレチック・ユニ・バースなどのサイトもある．

　クラウドファンディングは，資金提供者へのリターンの提供の方法によって，寄付型，購入型，投資型に分類される．寄付型は金銭的なリターンのない資金提供であり，東日本大震災の際の被災地復興事業でも活用された．購入型も金銭的なリターンはないが，資金提供者にはプロジェクトによって生み出された商品やサービスが提供される．ここではユニークな商品やサービスの提案が行われており，資金調達だけでなく，マーケティング目的でクラウドファンディングが活用されるケースもある．投資型では，資金提供者に金銭的リターンが提供される．

　現在，銀行などから資金を借り入れることが難しい信用力の乏しいベンチャー企業をはじめ，映画や音楽，ゲームを製作・創作したいアーティストやクリエイター，地域を盛り上げたい市町村，調査や研究を行いたい研究者など，多様な主体がクラウドファンディングの仕組みを利用して資金を調達し，自らのアイディアを実現している．資金提供者にとっても，クラウドファンディングの仕組みは，自らが支援したい事業を直接かつ手軽に資金面から支えることができる手段である．クラウドファンディングは，今後，家計の主要な投資先となりうるか，これからの動きに注目していく必要がある．

11.2.3　持続可能社会の実現を目指す手段としての投資

　今日，地球温暖化や環境汚染，労働環境の悪化や非正規雇用の増加，経済格差，教育格差など，環境や社会，経済の分野で深刻な問題が多発している．従来，このような社会的課題を解決し，持続可能な社会を実現するうえで重要な役割を果たしてきたのは，政府や国際機関であった．しかし，国家や国民の考え方が多様化するなか，国内および国家間の意思決定に時間がかかることが増えたため，近年は，NPO（非営利組織）やNGO（非政府組織）などの団体も社会的課

題の解決に取り組んでいる．

さらに，国家並みの経済影響力を持ち，意思決定の早さでも政府を上回るグローバル企業をはじめとする企業の課題解決力に注目し，企業の行動を変えることで社会的課題の解決ならびに持続可能な社会の実現を目指そうとする動きもある．たとえば，環境や社会に配慮した製品・サービスを選んで消費するエシカル消費や，開発途上国の生産者・労働者の生活改善と自立を目的に開発途上国の原料や製品を適正な価格で継続的に購入するフェアトレードなど，消費者の行動を通じて企業の行動を変えようとする動きがその1つである．また，企業の活動を社会的公正や倫理，環境への配慮などの観点から評価して投資を行う社会的責任投資（Socially Responsible Investment：SRI）のように，投資家の行動を通じて企業の行動を変えようとする動きもみられる（図11.4）．

社会的責任投資（SRI）は，抱えている社会的課題が国や地域で異なることもあり，その定義をただ1つ示すことはできない．しかし，近年は，特に環境（Environment），社会（Social），企業統治（Governance）のESG要因に積極的

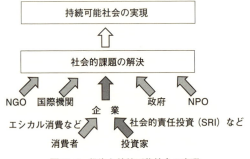

図11.4　投資と持続可能社会の実現

表11.2　ESG要因の具体例

要因	具体例
環境要因（Environment）	水・食糧問題，天然資源に起因するエネルギー安全保障の問題，気候変動など
社会要因（Social）	人権問題，グローバルなサプライチェーンにおける労働問題（発展途上国における児童労働，長時間労働，強制労働），高齢化社会問題など
企業統治要因（Governance）	経営の透明性，汚職，取締役会の構成，株主の権利，企業倫理，リスク管理，経営者報酬などの問題

小方（2016）をもとに筆者作成．

に取り組む企業を評価し，そのような企業に投資することを指して，SRI と呼ぶことが多い．表 11.2 では，ESG 要因について，持続可能性に関わる国際連合の懸念事項の具体例を示している．投資家は，これらの課題に取り組む企業の株式の購入，あるいは ESG 要因を取り入れた投資信託の購入を通じて，企業が持続可能な社会の実現を目指す行動を取るよう導くことができる．

コラム●社会的課題解決手段としてのソーシャルインパクト・ボンド

2013 年に北アイルランドのロック・アーンで開催された G8 サミットを機に，世界的に注目されるようになったソーシャルインパクト・ボンド（Social Impact Bond：SIB）による資金調達・運用の仕組みも，今後，社会的課題の解決と持続可能な社会を実現する有力なツールになるのではないかと期待されている．ソーシャルインパクト・ボンドは，未成年者の非行や貧困の連鎖，高齢化に伴う医療費の増加といった社会的課題を解決するための費用を，政府からではなく投資家から調達する仕組みである．資金を提供した投資家は，社会的課題の解決に貢献できるとともに，課題の解決による財政負担の減少額などに連動した金銭的リターンを受けることができる．日本での認知度はまだ高くはないが，2014 年に，公益財団法人である日本財団が横須賀市と連携して，特別養子縁組推進のためのパイロット事業を実施することを合意するなど，取り組みが始まっている．

11.3　なぜ投資について学ぶのか

現在，家計には，自らが蓄えたお金をふやす多様な選択肢が与えられている．多くの選択肢を持つことは，家計にとってメリットであるようにみえる．しかし，多くの選択肢のなかから自らに適したものを選択するためには，金融そして投資の知識が必要である．第 12 章で詳しく紹介するが，どの金融資産にも長所と短所があり，万人に適した金融資産は存在しない．このため，もし金融や投資に関する知識を持たないまま金融資産を選択すれば，本来得られるはずの利益を逃したり，想定外の損失を被ったりする可能性がある．そのうえ，近年は複雑で理解することが難しい金融資産が増加していることから，金融と投資に関する知識を持たなければ，詐欺や犯罪に巻き込まれる可能性もある．2000 年前半頃から金融庁などによって「貯蓄から投資へ」（2016 年からは「貯蓄から資産形成へ」）という言葉が頻繁に使われ始めたが，これと時期を同じくして金融経済教

育や金融リテラシーの重要性が叫ばれるようになったことも，投資を行うために
は金融や投資に関する知識が必要であることを示唆している．

　金融や投資について学ばねばならず，犯罪に巻き込まれる可能性もあるため
か，我が国では，高い収益性は見込まれるが元本割れを起こす可能性がある金融
資産の保有に消極的な人が多い（表 11.3）．特に年間収入が低くなるほど，積極
的に投資をしようとする家計の割合は低下する．ただし，現在では，好むと好ま
ざるとにかかわらず，金融資産を選択する場面に直面することがある．たとえ
ば，自らの勤める企業が企業型確定拠出年金を導入している場合である．

　我が国の公的年金制度は，20 歳以上のすべての国民が加入する国民年金と，
国民年金に加えて民間企業の従業員や公務員が加入する厚生年金保険からなる 2
階建ての制度である（図 11.5）．国民年金は年金の 1 階部分に該当し，この制度
の存在によりすべての国民が高齢期に基礎年金の給付を受けることができる．厚
生年金保険は年金の 2 階部分に該当し，これにより民間企業の従業員や公務員は
基礎年金に上乗せして報酬に比例した年金の給付を受けることができる．さら
に，我が国には，国民が高齢期により豊かな生活を送ることができるよう，公的
年金に上乗せして年金を給付する私的年金制度が存在する．私的年金は 2 階建て
の公的年金に上乗せする年金であるため，年金の 3 階部分に該当すると考えるこ
ともできる．

　私的年金には，企業が制度を導入し，その企業の従業員が加入できる企業年金
と，個人が加入できる個人年金がある．企業年金はさらに確定給付型と確定拠出

表 11.3　元本割れを起こす可能性があるが収益性の高いと見込まれる金融商品の保有（2018 年）

		そうした商品についても，積極的に保有しようと思っている	そうした商品についても，一部は保有しようと思っている	そうした商品を保有しようとはまったく思わない
全 体		2.5	15.6	80.5
年間収入別	収入はない	4.2	25.0	62.5
	300 万円未満	1.0	8.2	89.6
	500 万円未満	1.4	13.6	83.9
	750 万円未満	3.8	20.6	74.8
	1000 万円未満	1.7	26.1	72.2
	1200 万円未満	8.8	24.8	66.4
	1200 万円以上	9.2	27.5	62.6

出所：金融広報中央委員会「家計の金融行動に関する世論調査」［二人以上世帯調査］．

（数値は平成30年3月末現在）

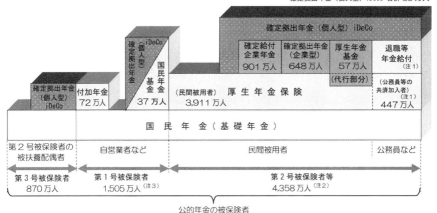

図11.5 日本の年金制度
出所：企業年金連合会（2018）「企業年金に関する基礎資料 平成30年度版」．

型に分けられ，このうち確定給付型は加入期間などに基づいてあらかじめ将来の年金給付額が定められている制度である．一方，上述の企業型確定拠出年金は，従業員自らが年金資産を運用し，将来の給付額はその運用結果に応じて決定される年金制度である．すなわち，企業型確定拠出年金を導入している企業に入社した場合，企業の提示する預貯金，投資信託，保険商品などの金融資産のなかから，自らに適した金融資産を選択することを求められるのである．確定拠出年金を導入している企業数は年々増加しており，その加入者数も2019年3月末現在で687.8万人にのぼる（図11.6）．確定拠出年金を導入している企業には，努力義務・配慮義務として従業員に対して投資教育を実施することが課されているが，教育の取り組みには企業間に格差がみられることから，家計自らが投資に関する知識を持っておくことが望ましい．

さらに，2017年1月，個人年金の1つである個人型確定拠出年金（iDeCo）に加入できる人の範囲が拡大され，従来は制度に加入できなかった公務員や，公務

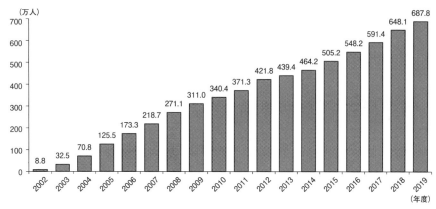

図11.6 企業型確定拠出年金加入者数の推移(各年度末の値)
厚生労働省ホームページ掲載の確定拠出年金の各種データ「規約数等の推移」
(https://www.mhlw.go.jp/content/000520816.pdf)より筆者作成.

員・会社員に扶養されている専業主婦(夫)も,個人型確定拠出年金に加入できることになった.個人型確定拠出年金は,任意で申し込んだ加入者が掛金を拠出するとともに,自らが運用方法を選択する年金制度であり,加入者は,将来,掛金と運用益の合計額をもとに給付を受けることができる.個人型確定拠出年金の加入者が負担した掛金は全額所得控除を受けることができ,所得税が軽減されるうえ,運用中の利益に対する税金も非課税になるというメリットがあるが,自らが選択した金融資産の運用結果によって将来受け取ることのできる年金額が変動するため,投資の知識は不可欠である. 〔村上恵子〕

文 献

小方信幸(2016)『社会的責任投資の投資哲学とパフォーマンス―ESG投資の本質を歴史からたどる―』,同文舘出版.

塚本一郎・金子郁容編(2016)『ソーシャルインパクト・ボンドとは何か―ファイナンスによる社会イノベーションの可能性―』,ミネルヴァ書房.

日本証券業協会編(2016)『サクサクわかる! 資産運用と証券投資スタートブック』,日本証券業協会.

水口 剛著,松本恒雄監修(2005)『社会的責任投資(SRI)の基礎知識(CSR入門講座5)』,日本規格協会.

第12章　お金をふやす②

　本章では，家計が「お金をふやす」という意思決定を行う際に身につけておきたい知識として，家計が選択できる代表的な金融資産の概要と金融資産の選択基準，アセットアロケーションの考え方について説明する．

12.1　家計が選択可能な金融資産

　前章でも述べたとおり，金融市場・金融システム改革が進んだ結果，家計は多様な選択肢のなかから自らの望む金融資産を選択できるようになった．家計の保有する種類別金融資産保有額をみると（表 12.1），金融資産の構成比に偏りはあるものの，家計は多様な金融資産を保有していることがわかる．このことは，世

表 12.1　1世帯当たり種類別金融資産保有額（2018年）

		金融資産保有額	預貯金	うち定期性預貯金	金銭信託・貸付信託	生命保険	損害保険	個人年金保険	債券	株式	投資信託	財形貯蓄	その他金融商品
2人以上世帯（全体）	保有額（万円）	1430	784	324	6	258	46	78	28	128	65	29	8
	構成比（%）	100.0	54.8	22.7	0.4	18.0	3.2	5.5	2.0	9.0	4.5	2.0	0.6
単身世帯（20歳代）	保有額（万円）	128	72	22	1	13	1	18	1	10	8	3	1
	構成比（%）	100.0	56.3	17.2	0.8	10.2	0.8	14.1	0.8	7.8	6.3	2.3	0.8

注1）金融資産非保有世帯を含むベース．
注2）「生命保険」は，これまで払い込んだ保険料の総額．ただし，掛け捨ての保険，年金型商品は除く．
注3）「個人年金保険」は，これまで積み立てた掛金の総額．ただし，公的年金の掛金を除く．
注4）「債券」「株式」「投資信託」は，時価．「株式」には従業員持株制度による株式を含む．
注5）「その他金融商品」は，金貯蓄口座，オプション取引などの金融派生商品．
出所：金融広報中央委員会「家計の金融行動に関する世論調査」[二人以上世帯調査] および [単身世帯調査]．

帯主年齢20歳代の単身世帯においても例外ではない．以下では，家計が選択可能な金融資産のうち，預貯金，債券，株式，投資信託の概要を説明する．保険については，第9章および第10章ですでに取り上げているため，本章では説明を省略する．

12.1.1 預貯金

　預貯金とは，銀行や信用金庫で取り扱われている預金と，郵便局（ゆうちょ銀行）や農協（JAバンク）で取り扱われている貯金のことである．名称は異なるが，預金と貯金は，資金の出し入れの自由度や適用される金利，元本1000万円までとその利息が預金保険制度で保護されていることなど，同じ特徴を持つ金融資産である．

　預貯金には，預入期間に定めがなく，いつでも自由に引き出せる流動性預貯金と，預入期間が定められている定期性預貯金がある（図12.1）．流動性預貯金は，銀行などの普通預金（総合口座）やゆうちょ銀行の通常貯金（総合口座）のように，給与や年金を受け取ったり，公共料金を支払ったりできる決済機能を持つ．一方，定期性預貯金は決済口座として利用することができず，流動性預貯金よりも利便性に劣る．しかし，適用される金利は，一般に流動性預貯金よりも定期性預貯金の方が高い．したがって，流動性預貯金は日常の生活資金，定期性預貯金は将来の支出に備える資金など，その保有目的を使い分ける必要がある．ただし，定期性預貯金を定められた期間以前に引き出す場合，ペナルティ（中途解約利率など）が課されるため，注意が必要である．

　また，昨今は，ドルやユーロなどの外国通貨で預け入れる外貨預金や，デリバティブを組み込んだ仕組預金と呼ばれる預金も販売されており，預貯金の多様化

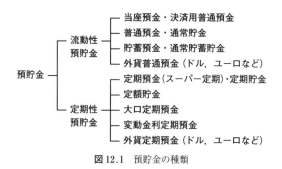

図12.1　預貯金の種類

が進んでいる．これらの預金には，通常の定期預金より高い金利が設定されていることも多い．しかしながら，外貨預金では為替レートの変動によって日本円に換金した際に元本割れが生じたり，仕組預金では予期せぬ満期日を銀行によって定められたりすることもある．すべての預金が高い安全性を持つわけではないため，預金の選択においても一定の知識が要求される．

12.1.2 債　　　券

債券は，発行主体である国や企業が資金を調達するために貸借の条件を定めて発行する有価証券であり，一種の借用証書である．貸借の条件には，元本を返済する償還日，償還日まで定期的に支払われる利息の額（元本に該当する額面金額に対する利率），利払い日などがある．つまり，債券の購入者である投資家にとって債券は，一定期限後に元本を返済されることと，償還日までの間，一定の期日に一定の利率の利息が支払われることが約束された証券といえる．このため，債券を償還日まで保有する投資家にとって，元利払いに対する政府保証がある債券は，前項で説明した定期性預貯金と同じ性質を持つ金融資産といえる．ただし，預貯金と債券には大きな違いがある．投資者の都合で償還前（満期前）に換金しなければならなくなった場合の取り扱いである．定期性預貯金を満期前に換金する場合，中途解約利率などのペナルティは課されるものの，当初預け入れた元本は返済される．一方，債券を償還前に換金する場合，投資家は市場で債券を売却しなければならず，市場の状況によっては元本割れすることもありうる．

債券は発行主体の国籍によって国内債と外国債に分けられ，国内債はさらに公債と民間債に分類される（図12.2）．公債には，国が発行する国債，地方公共団体が発行する地方債，公庫や公団，特殊会社が発行する特別債があり，このうち特別債は，預金保険機構や日本高速道路保有・債務返済機構などによって発行さ

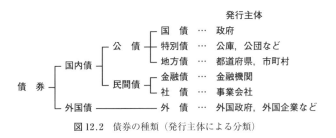

図 12.2　債券の種類（発行主体による分類）

れ，元金と利息の支払を政府が保証している政府保証債と，特殊法人や政府関係機関によって発行されるものの政府による元利払いの保証がない非政府保証債（政府関係機関債）に分けられる．他方，民間債は，事業会社が発行する社債と，新生銀行やあおぞら銀行，農林中央金庫などの特定の金融機関が発行する金融債に分類される．また，外国政府や国際機関，外国企業などによって発行される外国債には，円建てで発行されるものと外国通貨建てで発行されるものがある．

また，債券は，定められた利率が償還日まで支払われる利付債と，あらかじめ利子に相当する金額が差し引かれた価格で発行される割引債にも分類できる．このように，一口に債券といっても，安全性や利払いの方法，利率など，多様な特徴を持つ債券が存在する．このため，一般の投資家が債券の利払いや元本返済など，債務履行の確実性を評価することは，非常に難しい．そこで，第三者機関である格付け機関が債券発行者の債務履行能力を審査し，信用力を示す指標（格付け）を発表している．格付けでは，信用力が最も高いAAA（トリプルA）から，すでに債務不履行に陥っており回収がほとんど見込めないDまでランク付けされている．格付けは債券の信用度を知るうえで大変便利な指標だが，あくまで第三者による意見にすぎないため，格付けを絶対視することはせず，参考程度に利用することが望ましい．

12.1.3　株　　式

株式は，債券と同様，企業が資金を調達するために発行する有価証券である．ただし，債券で調達した資金は発行主体にとって負債であり，発行主体が利払いと元本返済義務を負うのに対して，株式で調達した資金は企業にとって自己資本となり，企業は株式で調達した資金を返済する義務も，あらかじめ定めた利息を定期的に支払う義務も負わない．

このことは，株式に出資した投資家（株主）にとってみれば，現金が必要となった場合，その株式を他者に売却することで換金しなければならないことを意味する．売却時の市場の状況によっては，価格が購入時よりも高くなったり低くなったりしていることもあり，値上がり益（キャピタルゲイン）や値下がり損（キャピタルロス）が発生する．また，企業が利益を得た場合には配当金（インカムゲイン）を受け取ることができるが，企業の業績や方針によって配当金を受け取ることができない場合もある．また，企業が破綻すると，株主は出資額を上限に

責任を負わなければならない．出資額，配当額ともに確定していないことから，株式は一般にハイリスクの金融資産に分類される．

一方で，株式には債券にない権利が付与されている．主な権利として，議決権（企業経営に参加する権利），利益分配請求権（配当を請求する権利），残余財産分配請求権（企業が解散する際に残余財産を受け取ることができる権利）の3つがある．株主は議決権を持つことから，企業の所有者であるといわれる．

株式の価格である株価は，株式の買い手（需要）と売り手（供給）のバランスで決定する．株式の売り買いに影響を与える要因には，①マクロ要因（景気変動，金利，為替，国際情勢，ほかの金融資産の動向など），②市場・投資家要因（ほかの株式市場の動向，外国人投資家の動向，大口投資家の動向など），③ミクロ要因（企業業績，企業提携・企業の吸収・合併・事業再編などの企業戦略，新製品・新技術の開発・販売など）がある．

12.1.4　投 資 信 託

投資信託は，多数の投資家から集めた大口の資金を，専門の投資信託会社などが主に国内外の有価証券や不動産で運用し，期間ごとに決算して運用収益に関する情報を開示するとともに，投資家の出資額に応じて収益を分配する金融資産である．なお，集められた基金は，投資信託会社とは別の信託銀行などによって管理される．

投資信託には，投資対象資産，投資対象地域，運用方法などの異なる多様な商品が存在する．投資信託は，通常，株式を組み入れるか組み入れないかによって大きく2種類に分けられる（図12.3）．ここで，株式を一切組み入れない投資信託が公社債投資信託であり，株式が1%でも組み入れられている投資信託は株式投資信託に分類される．そのほか，購入期間に関して，期間が定められている単

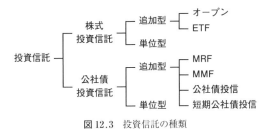

図12.3　投資信託の種類

位型（ユニット型）といつでも購入可能な追加型（オープン型）という分類もある．追加型の公社債投資信託には，MMF（Money Management Fund）や MRF（Money Reserve Fund）があるが，これらは国内外の公社債や短期の金融商品など，比較的安全性の高い商品で運用されている．一方，追加型の株式投資信託には，国内外の株式で運用されるもののほか，証券取引所に上場し，TOPIX（東証株価指数）や日経平均株価への連動を目指す上場投資信託（Exchange Traded Funds：ETF）と呼ばれるものもある．さらには，オフィスビルや商業施設などの不動産に投資する不動産投資信託（Real Estate Investment Trust：REIT）など，その他の区分に分類される投資信託もある．

投資信託には，①少額から始めることができる，②投資の専門家が運用する，③個人では購入できない外国証券や不動産に投資できる，④分散投資によってリスクを低く抑えることができる，といったメリットがある．その一方で，①手数料（申込手数料，解約手数料，信託報酬）を取られる，②債券や株式など多くの資産を組み合わせて運用されているため値動きが予想しにくい，③多数の投資信託から自分のニーズに合った商品を選ぶことが容易でない，というデメリットもある．また，投資信託を購入しようとする際は，事前に運用方針や運用商品，運用実績，信託報酬などが書かれた「投資信託説明書（交付目論見書）」を確認し，その内容を理解したうえで購入の意思決定を行う必要があるが，目論見書の理解にも投資の知識が必要である．ただし，第11章で紹介したとおり，確定拠出年金を導入する企業が増加するなか，確定拠出年金の主な金融資産メニューである投資信託への注目は高まっている．

12.2　金融資産の選択基準

普段，人が商品やサービスを購入する際，何を基準に選択しているだろうか．価格や品質，機能，生産者（サービス提供者）など，様々な基準に基づいて商品やサービスを選択しているはずである．また，就職活動中の学生は，やりがい，給与，知名度，社風など，自分が重要だと考える要因を基準に企業を選ぶだろう．同様に，金融資産を選択する際も何らかの選択基準が必要である．2007年から2018年までのわが国家計の金融資産選択基準をみると，家計は金融資産の選択基準として元本が保証されていることと少額でも預け入れや引き出しが自由

12.2 金融資産の選択基準

表 12.2　金融資産の選択基準

(単位：％)

	収益性	利回りが良いから	将来の値上がりが期待できるから	安全性	元本が保証されているから	取扱金融機関が信用できて安心だから	流動性	現金に換えやすいから	少額でも預け入れや引き出しが自由にできるから	商品内容が理解しやすいから	その他
2007 年	13.1	10.9	2.2	36.9	22.5	14.4	22.3	5.0	17.3	1.9	3.3
2008 年	12.3	9.9	2.4	35.6	22.4	13.3	22.9	5.2	17.7	1.6	3.5
2009 年	14.5	12.2	2.3	39.6	25.8	13.9	36.1	5.0	31.1	1.8	6.3
2010 年	14.2	12.0	2.2	42.5	25.6	16.9	33.1	4.5	28.6	1.6	7.2
2011 年	15.4	11.5	3.8	42.2	25.6	16.6	30.0	4.4	25.6	1.9	7.9
2012 年	14.5	10.5	4.0	41.8	25.2	16.6	29.5	5.0	24.5	2.2	9.2
2013 年	12.2	8.2	4.1	40.2	25.3	14.9	29.1	5.2	23.9	2.1	12.6
2014 年	14.1	10.1	3.9	39.4	24.7	14.7	28.7	5.1	23.6	2.5	12.1
2015 年	14.2	9.9	4.3	39.0	23.9	15.1	27.0	5.4	21.6	2.7	13.2
2016 年	14.8	10.6	4.2	38.9	25.1	13.9	27.9	5.8	22.1	2.0	12.5
2017 年	15.7	11.1	4.6	39.0	24.7	14.4	24.6	4.9	19.7	2.5	14.1
2018 年	15.1	10.0	5.1	37.6	24.2	13.3	28.1	5.4	22.7	2.0	13.4

(注)　金融資産非保有世帯を含むベース.
出所：金融広報中央委員会「家計の金融行動に関する世論調査」[二人以上世帯調査].

にできることを重視している（表 12.2）．以下では，金融資産を選択する際の一般的な基準である流動性，収益性（リターン），安全性（リスク），コストの 4 つを説明する．

12.2.1　流　動　性

　流動性は，現金化のしやすさの度合いである．我が国では，2018 年においても 1000 円以下の決済の約 86％が現金で行われ，5 万円を超える場合でも約 41％の決済に現金が用いられている（表 12.3）．このため，必要なときに必要な額を現金化できることは，家計にとって非常に重要である．ここで，現金化しやすさとは，途中換金の可否，解約手数料や解約ペナルティの有無によって決まる．解約手数料もペナルティもなく，いつでも換金できる流動性預貯金は，流動性の高い金融資産である．また，売買数量が大きい大企業の株式や債券は，換金したいときにいつでも希望した価格で売却できる可能性が高いため，流動性が高い．一

表 12.3 日常的な支払（買い物代金など）の主な資金決済手段

(単位：%)

	2007 年				2018 年			
	現金（紙幣および硬貨）	クレジット・カード	電子マネー（デビット・カード含む）	その他	現金（紙幣および硬貨）	クレジット・カード	電子マネー（デビット・カード含む）	その他
～1000 円	86.6	2.7	2.4	0.5	86.1	7.9	15.4	0.7
1001 円～5000 円	84.1	12.0	1.3	0.6	79.4	21.5	12.7	0.8
5001 円～ 1 万円	78.2	20.8	0.7	0.9	69.5	35.2	7.3	0.9
1 万 1 円～ 5 万円	64.0	39.2	0.6	1.7	52.1	55.5	3.4	1.5
5 万 1 円～	52.3	45.6	0.7	4.5	41.1	60.0	1.8	3.7

(注) 2 つまでの複数回答.
出所：金融広報中央委員会「家計の金融行動に関する世論調査」[二人以上世帯調査] より一部抜粋.

方，売買がほとんど行われていない企業の株式は，換金したいときに売却できず，仮に売却できたとしても希望した価格で売却できない可能性があるため，流動性は低い.

使用する時期が決まっているお金を金融資産で運用する場合，流動性を意識して金融資産を選択する必要がある．なお，最も流動性に優れた金融資産は，自宅で保管している現金（タンス預金と呼ばれる）である.

12.2.2 収益性（リターン）

収益性は，金融資産を保有することで得ることができる（あるいは，得ることが期待できる）収益の大きさの度合いである．収益には，資産を保有している間，継続的に受け取ることのできる「インカムゲイン（利子所得）」と，金融資産を購入後，購入価格以上の価格で売却することによって得られる「キャピタルゲイン（値上がり益）」がある．インカムゲインはさらに，得られる収益が事前に定められている預貯金の利子，国債や社債のクーポンと，得られる収益が不確定な株式の配当や投資信託の分配金（投資信託）に区分される.

金融資産から得られる収益の大きさは，当初の運用額に対してどれだけの収益が得られたのかを示す収益率で表される.

$$収益率（\%）=\frac{インカムゲイン＋キャピタルゲイン}{当初運用額}\times100$$

12.2.3 安全性（リスク）

安全性は，保有する金融資産の元本返済と利払いの確実性の度合いを指す．たとえば，預貯金は，元本1000万円までとその利息が保護されているため，1000万円以下の預貯金の安全性は高い．一方，株式は，株価が日常的に変動していることから，株式売却時に当初の投資金額を下回る可能性があり，配当も事前に定められていない．したがって，安全性は低いといえる．

金融資産の安全性を低下させるリスクには表12.4に示すものがあり，金融資産によって伴うリスクは異なる．円建ての流動性預貯金の場合，信用リスクと価格変動リスク，為替変動リスク，流動性リスクは存在しないが，インフレリスクは顕在化する可能性がある．たとえば，元本100円を年利1%の流動性預貯金で1年間，運用した場合，1年後に元本100円と利息1円の合計101円を受け取ることができる．しかし，同時期のインフレ率が2%であれば，100円で買うことができていたものは102円に上昇する．このように流動性預貯金で運用することによる収益率が物価上昇率よりも低いとき，インフレリスクが顕在化し，実質的な資産価値は目減りする．預貯金のほか，得られる収益が事前に定められている

表12.4　金融資産の主なリスク

リスク	概要
信用リスク（デフォルトリスク）	債券を発行した国の財政破綻，あるいは債券や株式を発行した企業の経営不振・経営破綻が原因で，元本の払い戻しや利息の支払ができなくなったり，株式が無価値になったりするリスク．
価格変動リスク	当該金融資産の需要と供給の関係や国内外の政治・経済・社会情勢，企業の業績などの影響を受け，株式や債券，投資信託の価格が変動するリスク．特に金利が変動することで債券の価格が変動するリスクを金利変動リスク（または金利リスク）と呼ぶ．一般に，金利が上昇すると債券価格は下がり，金利が低下すると債券価格は上がる．
為替変動リスク	外貨建ての金融資産を保有している場合に，外国為替レートの変動によって換金時や満期時の日本円での受取額が変動するリスク．
インフレリスク	物価が上昇することで，お金の価値が目減りするリスク．物価上昇率（インフレ率）が金融資産の収益率を上回ると，その金融資産の実質的価値は低下する．
流動性リスク	売買が極端に少ない銘柄を換金しようと思った場合などに，希望するときに希望する価格で金融資産を売却できず，換金できないリスク．

債券もインフレリスクに弱い金融資産である.

12.2.4 コスト

コストとしては，金融資産を売買したり保有したりする際や，インカムゲインやキャピタルゲインを得た際に直接必要になる税金や手数料などのコストのほか，金融資産を選択する際の情報収集コストも考慮に入れておく必要がある.

我が国では，投資による資産形成をより効果的に行えるよう，2014年1月に少額投資非課税制度「NISA（ニーサ）」が，2016年4月に子ども向け少額投資非課税制度「ジュニアNISA」が，そして2018年1月には少額からの長期・積立・分散投資を支援する「つみたてNISA」が導入された. NISAには年間120万円，ジュニアNISAには年間80万円，つみたてNISAには新規投資額で毎年40万円という利用限度額はあるものの，購入した上場株式や株式投資信託などの配当金および売買益が，NISAとジュニアNISAでは投資した年から最長5年間，つみたてNISAでは最長20年間非課税になるため，株式や株式投資信託での運用に伴うコストは低下しているといえる.

かつては，元本350万円までの少額預貯金の利子に対する非課税制度（通称「マル優」）があったが，現在，その対象者は身体障がい者手帳の交付を受けている者や遺族基礎年金の受給者などに限られている.

12.2.5 金融資産の選択基準

表12.5は，私たちに身近な金融資産を，流動性，収益性，安全性（リスク），コストの4つの基準で評価したものである. 金利があらかじめ定められている預貯金や国債は，インフレリスクは高いものの，それ以外のリスクやコストは低く，流動性も高い. ただし，一般に収益性は低い. 一方，株式投資信託や株式は，リスクやコストは高いものの収益性も高く，流動性も比較的高い. 流動性，収益性，安全性（リスク），コストのすべての面で優れている金融資産は存在しないため，各家計は4つの項目のうち何を最も重視するのかを考え，自身に適した金融資産を選択することが求められる.

表 12.5　金融資産の特徴

| | 流動性 | 収益性 | 安全性（リスク） |||| コスト |
			信用リスク	価格変動リスク	為替変動リスク	インフレリスク	
預貯金	高い	低い	低い	低い	低い	高い	低い
社債	中程度	中程度	中程度	中程度	低い	高い	中程度
国債	高い	低い	低い	低い	低い	高い	低い
株式	中程度	高い	高い	高い	中程度	低い	中程度
公社債投資信託	中程度	中程度	低い	中程度	低い	高い	中程度
株式投資信託	中程度	高い	中程度	中程度	中程度	低い	高い

12.3　アセットアロケーションと金融資産のリスクの管理

12.3.1　アセットアロケーション

家計が蓄えた資金を国内外の株式や債券，預貯金，投資信託などの金融資産に配分することをアセットアロケーションと呼び，一般に図 12.4 に示すプロセス

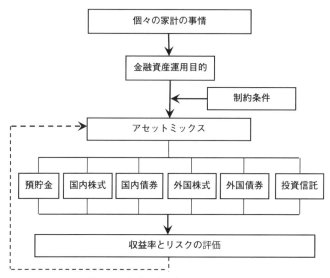

図 12.4　家計の金融資産選択プロセス

で意思決定が行われる．まず，年齢，家族構成，現在の収入，保有資産残高，抱えているローン残高など，各家計固有の事情によって決まるリスク許容度（金融資産の保有に伴って発生するリスクをどの程度受け入れることができるかを示す度合い）と期待する収益率をもとに，中長期的な資産運用目的を決定する．さらに，運用可能期間や維持すべき流動性の高さなどの家計に固有の制約条件や金融資産保有に関わる税制について考慮したうえで，金融資産の構成比率（アセットミックス）を決定する．

　我が国最大の機関投資家である年金積立金管理運用独立行政法人（Government Pension Investment Fund：GPIF）の資産管理・運用における基本的な考え方の1つとして，「長期的な運用においては，短期的な市場の動向により資産構成割合を変更するよりも，基本となる資産構成割合を決めて，これを維持する方が効率的で良い結果をもたらす」ことがあげられているが，家計においても，中長期的なアセットミックスの決定は資産運用において重要である．アセットミックス決定後は，定期的に収益率とリスクの評価を行うとともに，家計の事情が変化した場合などは，アセットアロケーションを再検討することが望ましい．

> ### コラム●機関投資家の資産管理
> 　機関投資家とは，年金基金や銀行，保険会社，政府系金融機関など，顧客や国民から拠出された多額の資金を使って投資を行う大口の投資家のことであり，2018年度末の時点で約159兆円の運用資産を持つ年金積立金管理運用独立行政法人（GPIF）は，我が国最大の機関投資家である．GPIFは，厚生年金保険事業および国民年金事業の運営の安定に資することを目的に，厚生年金保険法，国民年金法，年金積立金管理運用独立行政法人法の要請する「長期的な観点からの安全かつ効率的な運用」を目指して，公的年金積立金の管理および運用を行っている．
> 　GPIFは，上記の目的や本文に示した考え方に基づき，基本となる資産構成割合である「政策アセットミックス」を定めている．2019年7月末現在，積立金の実質的な運用利回り1.7%を最低限のリスクで確保するため，資産構成割合を国内債券35%，国内株式25%，外国債券15%，外国株式25%と定めている．

12.3.2　投資リスクの管理

12.2.3項で紹介したように，各金融資産には安全性を低下させる様々なリス

クが内在する．これらのリスクを管理する方法として一般に知られているのが分散投資である．たとえば，1つの金融資産だけに投資をすると，その運用が上手くいかなかったときに損失が発生する．そこで，金融資産に内在するリスクは資産によって異なるという性質に着目し，異なるリスクを持つ金融資産を組み合わせて保有することで，投資リスクを低下させようとするのが分散投資である．国内の債券と外国の債券を組み合わせる，好景気のときに価格が上昇することの多い株式と不景気のときに価格が上昇しやすい株式を組み合わせるといった投資の仕方が考えられる．

　そのほかに，時間を分散するという考え方もある．株式や債券の価格は常に変動していることに着目し，一度にすべての資金を投資しないことで，予測できない価格の上昇や下落に伴う投資リスクを低下させる方法である．時間の分散には，ある株式を毎月100株ずつ購入する定量購入法と，ある株式を毎月1万円ずつ購入する定額購入法があるが，価格が安いときに多く購入し，価格が高いときは少し購入できる定額購入法の方が，平均購入価格が安くなる．また，時間を分散して投資しようとすると，より長期間投資をすることになる．一般に，短期で投資をするよりも長期で投資をした方が，収益が安定し，リスクが低下することが知られている．　　　　　　　　　　　　　　　　　　　　　　　　　〔村上惠子〕

文　献

赤堀勝彦（2017）『超低金利時代のマネー＆ライフプラン―パーソナルファイナンスのすゝめ　　―』，保険毎日新聞社．
アルトフェスト，ルイス・J（2013）『パーソナルファイナンス（上）（下）』，マグロウヒル・エデュケーション．
家森信善（2016）『ベーシックプラス　金融論』，中央経済社．
丸　淳子編著（2006）『大学教授の資産運用ゼミナール』，中央経済社．

第4部　社会とつながる

第13章　お金について相談する

　私たちは，税金や法律に関する問題が生じたとき，ある程度知識があっても，税理士や弁護士に相談する．なぜなら自分の知識のなかで適切な判断が下せるかどうか，わからないからである．金融はさらに「お金に目が眩む」「短期的に利益を上げたい」といった心理が働く問題もあり，自分のライフプランに合った金融商品の選択には，専門的な知見とアドバイスが必要になる．金融商品の販売に関わらず，顧客の立場に立ってアドバイスするファイナンシャル・プランナー（CFP®）への相談は欠かせない．

13.1　金融ケイパビリティと相談の意義

　私たちは，常に合理的に行動しているとは限らない．お金に関しては特にそうだろう．宝くじで一攫千金を夢見たり，うまい儲け話に乗せられたり，知らない間に借りぐせがついて多重債務に陥ったりすることがある．

　金融に関する適切な行動をする場合に，私たちの金融に関する意思決定には，次の図13.1のような構造があることをまず理解したい．

　金融ケイパビリティとは，実際に発揮される人々の金融能力のことだ．これにはお金に関する家庭・社会環境とそれらに基づくお金に関する経験が前提条件になる．そして「お金が欲しい」「お金を貯めたい」といった動機がある．またお金について大雑把であるとか几帳面てあるといった性格，「お金が足りなくて不安になる」「貯蓄がある程度あるので安心」といった心理もある．動機，性格と心理，自信と態度は，それぞれの人の心（マインド）の全体的な有り様を示し，マインドセットと呼ばれている．

　さらに金融商品や経済に関する知識と理解，プリペイドカードやクレジットカードを上手に使いこなせるといったスキルがあり，全体としてお金に関して適切な自信がある，あるいは自信がない，自信過剰であるという問題，そして自己中

13.1 金融ケイパビリティと相談の意義

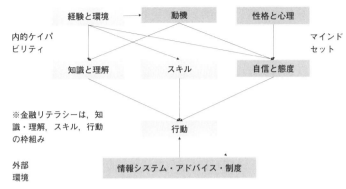

図13.1 金融ケイパビリティの構造（伊藤，2018）

出所：生命保険文化センター・保険学セミナー・東西交流研究報告に対する討論「保険ケイパビリティと保険教育」（伊藤宏一，2018年1月27日）．

心的な態度や逆に社会にお金を回そうとする態度などの要素もある．こうした要素つまり内的ケイパビリティが絡み合って，特定の金融行動に向かうことになる．これに対して外部環境としては，デジタル化した情報システム，金融機関内外の様々なアドバイス，そして金融制度などの諸要素も金融行動に大きな影響を与える．

一般に金融リテラシーといわれるのは，知識・理解→スキル→行動といった合理的金融行動を指している．しかし人間は，マインドセットや情報システム，制度，そしてアドバイザーのあり方によっても金融行動が異なることが実際だといえよう．

たとえば，近年の金融に関するデジタライゼーションの急速な進展により，銀行支店網がなく送金できなかった途上国の人々が，スマホの普及により送金や貯蓄・投資ができるようになり，金融包摂（Financial Incrusion）が推進されている．つまり情報システムが人々の金融ケイパビリティを強化したといえる．

さてそれでは相談，つまり専門家のアドバイスへのアクセスがなぜ必要なのだろうか．

13.1.1 金融知識の不足

我が国では学校教育のなかで，今まで金融教育が十分に行われてこなかった．戦後の金融商品の中心は，何といっても預貯金であり，金利は一律の規制金利だったので，どこの金融機関で貯蓄をしても変わらなかったため，それ以上の金融

知識は必要なかった面もある．しかし金融自由化で投資商品や外貨建て金融商品が登場し，保険商品も複雑になっており，また超低金利といった今日の金融環境のなかで，一般に生活者は，保険商品や投資商品などに関する基本的知識や為替や金利に関する理解が不足しており，それゆえ金融商品を販売する金融機関との情報格差が大きくなっている．

13.1.2　ライフプランニング，家計管理と金融商品選択

　金融知識を学んでも，それは一般論であり，まず自分のライフプランを作り，それに基づいて家計管理を行い，適切な金融商品を選択することが必要になる．中長期のライフプランを作るためには，教育プラン・キャリアプラン・住宅取得プラン・老後資金プランなどを具体的に立案することが必要になる．また毎月の収支が黒字で貯蓄体質かどうか，過剰な消費や過大な保険加入，オーバーリスクの投資などがないかどうか，を管理することが必要である．さらに貯蓄・投資・保険などについては個別金融商品についての具体的な知識が必要になる．端的にいえば，衣服や食品を選ぶように金融商品を選ぶことは一般に困難である．衣服や食品は自分の好みや体格あるいは必要な栄養などがある程度わかっており，毎日身につけたり食べたりしているからだ．しかし金融商品になるとそうはいかない．それが自分の中長期のライフプランにとって適切かどうかの判断が必要になるからである．

　たとえば，老後資金を作るために40歳代の男性会社員がボーナスのまとまったお金で毎月分配型の投資信託を購入し分配金は預金に入れている，というケースがあった．老後資金を作るのであれば，今はその資金を使わないのだから，運用収益を分配せずに，それを元本に上乗せして複利で運用するタイプの投資信託を選択すべきである．さらに，分配金は課税され税引き後の資金を低金利の預金に預けることも複利運用にはならない．すでにリタイアしており，毎月の生活費が不足しているような場合は，毎月分配型の投資信託を購入することは合理性がある．しかし今のようなケースにはライフプランからみた合理性はない．

13.1.3　不適切な金融商品の選択問題

　金融機関が販売する金融商品が顧客本位でないことが多い．金融機関の営業員や仲介業者に勧められるがままに金融商品を購入し大きな損失を被る，というこ

とはしばしばある．これを避けるために顧客本位で相談できるアドバイザーが必要になる．

2017 年 3 月 30 日金融庁は，「顧客本位の業務運営に関する原則」を公表した．これは 2016 年 10 月に公表された「平成 28 事務年度金融行政方針」のなかで，金融機関などによる顧客本位の業務運営（フィデューシャリー・デューティ）の確立が掲げられ，その原則を金融機関が表明し，顧客が直接・間接に支払う手数料額（率）およびそれがどんなサービスの対価なのかの明確化，商品のリスクの所在などの説明の改善，金融機関による顧客本位の取り組みの自主的な開示の促進を行うことが示されたことの延長線上にある．同方針では，「高齢者に対する金融商品の勧誘等における適切な説明を確保するための態勢の整備状況を検証」することも掲げられている．

森金融庁長官（当時）は「ここ数年，友人から，『母親が亡くなり遺品整理をしていると，最近購入したと思われる，お年寄りには到底不向きのハイリスクで複雑な投信が，何本も出てきた』という苦情を聞くことがよくあります．もしかすると，そうした投信を売った営業員の方は，親の所にあまり顔を見せない子供たちに代わって，お母様の話し相手になっていたのかもしれませんが，これにより子供達の当該金融グループに対する評価はどうなったでしょうか？ こうした営業は長い目で見て顧客との信頼関係を構築する観点から本当にプラスでしょうか？」[注 1]と述べている．高齢者に対するハイリスクな金融商品販売が日常茶飯事という現実に対して，金融機関における顧客本位の業務運営を基本から構築させようとするのが，金融庁の「顧客本位の業務運営に関する原則」の公表と，それに基づく各金融機関における基本方針の開示の指導であるということができよう．2019 年 6 月 30 日現在，この原則を採択し取扱方針を公表した金融機関は，都市銀行 82，地方銀行 119，協同組織金融機関 479，保険会社 369，金融商品取引業者等 630，合計 1679 となっている．

世界的視野でみれば，2000 年代に入って，特に 2008 年のリーマン・ショック後，金融機関の消費者に対する顧客本位でない姿勢を各国金融当局が問題視し，顧客本位の業務運営が強調されるようになっている．顧客本位の業務運営とは，顧客のライフプランと取れるリスクの程度やより安い手数料などを考慮して，金融商品を勧めることであるが，そのためには，「金融機関の利益よりも顧客の利益第一」という倫理原則が守られる必要がある．また金融機関とは独立してアド

バイスする金融の専門家の場合は，金融商品を仲介して金融機関から手数料など
キックバックをもらう立場ではなく，顧客からの相談料のみでアドバイスを行う
立場が求められる．なぜなら前者では，金融商品の販売が利益を得る第一の動機
となり，しばしば顧客に対して高い手数料の金融商品を販売するなどの問題が生
じるからである．これに対して後者では，顧客本位のアドバイスをすること自体
で相談料を貰い，それがアドバイザーの利益につながるため，顧客との利益相反
はないからである．こうしたことからイギリスでは 2013 年から独立系金融アド
バイザーが金融機関から手数料を貰うことが法律的に禁止され，またアメリカで
は証券取引委員会（Securities and Exchange Commission：SEC）が，金融商品
仲介で金融機関から手数料を貰うブローカー・ディーラーをアドバイザーとは呼
ばないという議論をしている．日本では，金融機関から手数料を貰う仲介業者
は，少なくとも手数料の金額を顧客に開示すべきである．

13.1.4 心理的バイアスの問題

　リチャード・セイラーとキャス・サンスティーンは，普通の人々は，合理的に
適切な経済的選択を常に行うホモ・エコノミクス（経済人）すなわち「エコノ」
ではなく，多くの心理的バイアスによりしばしば合理的でない判断をする「ヒュ
ーマン」だ，と主張している．そして誤った判断の様々な事例を分析し，それら
を野放しに，任せる（自由放任）のではなく，また押し付け的に矯正するのでも
なく，その歪みを正し適切な判断に変えるために「ナッジ」すなわち注意や合図
のために人の横腹を特にひじで優しく押したり，軽く突いたりするアドバイスや
仕組みを勧めている．彼らが研究する行動経済学および行動ファイナンスでは，
次のような心理的バイアスを取り上げている．

　①現状維持バイアス：これは，たとえば投資の必要性は理解できるが，実際に
　　は投資せず預貯金のままでいることなどである．

　②損失回避バイアス：収益を得る満足よりも損失したときの痛みを強く感じる
　　ため，リスクを取ることを回避すること．資産運用に一時的損失はつきもの
　　だが，長期分散運用をすることで，一時的損失を上回る収益を得ることがで
　　きる．たとえば図 13.1 をみてみよう．これは年金積立金管理運用独立行政
　　法人（GPIF）が 2001 年に市場運用を開始して以降 2018 年までの運用状況
　　と累積収益に関するグラフである．棒グラフは四半期ごとの運用状況で，

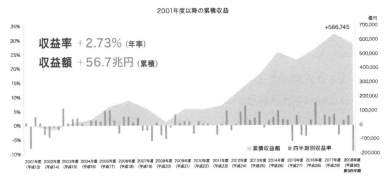

図 13.1 GPIF の累積運用収益に関するデータ (2019/02)
出所：年金積立金管理運用独立行政法人 (http://www.gpif.go.jp).

2001 年第 2 四半期や 2008 年リーマン・ショック時の第 3・4 四半期などはマイナスで損失が出ているが，2018 年末までの全体では，平均収益率が年率 +3.03%，累積収益額は +65.8 兆円となっている．損失回避バイアスがあって運用しなければこうした結果は出ないことを認識すべきだろう．

ちなみにこの運用資金の原資は，20 歳以上の生活者が支払っている国民年金保険料や厚生年金保険料で，年金受給者に支払う公的年金を引いた余剰部分である．ということは，私たちは，自分で意識しているかいないかにかかわらず，すでに運用をしていることになる．

③現在志向バイアス：中長期のライフプランを立て，その実現のために長期の積立投資や貯蓄をせず，目の前の短期的な楽しみにお金を使うようなバイアスのこと．

④選択しないバイアス：選択する対象となる金融商品の数が多くなると，判断そのものを停止するという心理が働くことである．我が国の確定拠出年金制度も，たくさんの人に投資してもらうために，このバイアスを考慮して投資対象の選択肢を限定した．

13.1.5 シニア世代の認知能力低下

第 5 にシニア世代になると，老化による認知能力の低下により，金融商品に関して適切な判断を行うことがより困難になる．特に認知症になり意思決定能力が失われる場合は，重大であり，アドバイスや制度が必要になる．

13.2 どこにアクセスし誰に相談するか

13.2.1 ウェブと電話による相談

表 13.1 は，簡単な問い合わせ・トラブル・本格的な相談といったいくつかのレベルで連絡ができる代表的な相談先である．金融広報中央委員会や日本ファイナンシャル・プランナーズ協会（日本 FP 協会）では，簡易な生活設計シミュレーションができる．金融商品に関するトラブルがあった場合は，国民生活センターの消費者ホットラインや金融庁の金融利用者サービス相談室，そして各業界団体の問い合わせ先に連絡して相談するとよい．さらにライフプランに基づく無料の体験対面相談は，日本 FP 協会の FP 無料体験相談を利用するとよい．

表 13.1 金融問題に関する日本での主な相談先

金融関連団体	名称	URL
金融庁	金融利用者サービス相談室	http://www.fsa.go.jp/receipt/soudansitu/
国民生活センター	消費者ホットライン	http://www.caa.go.jp/region/shohisha_hotline.html
金融広報中央委員会	生活設計診断	https://www.shiruporuto.jp/public/document/container/sindan/
日本 FP 協会	CFP®認定者検索システム	https://www.jafp.or.jp/confer/search/cfp/
	ライフプラン診断	https://www.jafp.or.jp/know/lifeplan/simulation/
	FP 無料体験相談	https://www.jafp.or.jp/confer/kurashi_fp/taimen/
	投資信託お役立ちサイト	https://www.jafp.or.jp/toushinqa/
全国銀行協会	全国銀行協会相談室	https://www.zenginkyo.or.jp/adr/
ゆうちょ銀行	ゆうちょコールセンター	電話番号：0120-108-420
日本証券業協会・投信協会等	証券・金融商品あっせん相談センター	http://www.finmac.or.jp
生命保険協会	生命保険相談所	http://www.seiho.or.jp/contact/about/
損害保険協会	そんぽ ADR センター	http://www.sonpo.or.jp/efforts/adr/
投資信託協会	投信総合検索ライブラリー	http://tskl.toushin.or.jp/FdsWeb/view/FDST000000.seam

13.2.2 対面相談

法律問題は弁護士，税金は税理士に相談することは常識であるが，金融商品の選択は誰に相談するのか．金融商品の選択は，その生活者のライフプランの実現を目的としている以上，相談する専門家は，ライフプランの専門家で生活者の個別のライフプランを作成し，それに基づいて資金計画を立案することができなければならない．同時に金融商品の専門家として，投資・貯蓄・保険などに関する金融商品に精通している専門家でなければならない．

この条件を備えているのは，ファイナンシャル・プランナー（FP）である．FPとはライフプランニングを土台に個人のパーソナルファイナンスに関わるあらゆる分野，すなわち貯蓄・ローン・資産運用・保険・不動産・相続・年金・健康保険・雇用保険など全般に関する知識を包括的に有しており，顧客のライフプランに沿って，そうした個別分野のプランニングを行う専門家である．

我が国の場合，この職業に関する資格は，ファイナンシャル・プランニング技能士（FP技能士）とCFP®資格，AFP資格に分かれる．FP技能士は3級から1級までの3段階あり，教育を受けても自前で勉強してもよく，国家試験に合格すると永久ライセンスで，継続教育を受ける必要もなく，倫理規程を遵守するサインも必要ない．この資格の試験実施団体は金融財政事情研究会ならびに日本FP協会で，所管は厚生労働省である．

これに対してCFP®資格とAFP資格は，日本FP協会が教育・試験・認証を行う．AFPは国内資格でFP技能士2級とリンクしている．AFP資格の上級にあたるCFP®資格は，アメリカや中国，カナダなど世界24の国と地域で認められ，世界共通水準のファイナンシャル・プランニング・サービスを提供できるプロフェッショナルな国際資格であり，国際CFP®組織であるFPSBとのライセンス契約の下で，日本では日本FP協会が認定している．アメリカでは，登録投資アドバイザー（RIA）になるための試験について，CFP®認定者は，証券アナリストとともに，連邦政府の機関であるSEC（米国証券取引委員会）によって試験免除されていて，権威ある民間資格である．

CFP®・AFP資格は教育を受ける（初期教育と継続教育）・試験に合格する・業務経験がある・倫理規程を遵守する，という4E（Education, Examination, Experience, Ethics）という条件を兼ね備えることが必要である．すでに述べた金融庁のいう「顧客本位の業務運営」をファイナンシャル・プランナーができる

ためには，1つには，顧客のライフプランとそれに基づくファイナンシャル・プランを作成できることが必要だが，AFP資格に関する教育では提案書の作成という形で，それが学習されるのであり，CFP®はその上にライフプランとそれに基づくファイナンシャル・プランの深い分析能力を育成することになる.

次に，常に変化する金融商品や税制・経済環境などに精通するために，「継続教育」によって常に知識やスキルをフォローアップして専門家としての能力を維持・発展させていることが求められる．CFP®・AFPの場合，資格取得後，毎年一定時間の継続教育を受けることが資格維持のために義務づけられることにより担保されている.

最後に，顧客と利益相反がないことが大切である．そのために日本FP協会は，会員であるCFP®・AFP資格者に対して会員倫理規程にサインすることを求めており，さらにCFP®にはCFP®認定者の倫理原則を遵守することが求められる．これらに違反した場合は，倫理委員会で各種の処分が行われ，日本FP協会は自主規制機関としての役割も担っている.

金融機関に属さないCFP®については，日本FP協会のサイトにCFP®認定者検索システムがあり，誰でも自由に検索ができ，相談できるようになっている．その際，金融商品を販売する金融機関から手数料（コミッション）を得ているか，相談に来る生活者からの相談料・プラン作成料など（フィー）を収入源としているかが1人ひとりについて明示されている.

金融商品の販売に関してFPは4つの立場に分かれる．第1は銀行，証券会社，保険会社などに所属し，顧客を対象に金融商品販売を行う者で，金融商品販売法などで規制されている．第2は金融機関から独立しているが，金融商品の仲介を行い，金融機関から手数料（コミッション）を得る仲介業の立場で，アメリカのBD（ブローカー・ディーラー），日本のIFAが該当する．第3は金融機関から独立していて，顧客から手数料（フィー）を得てアドバイスする投資助言・代理業である．第4は金融機関から独立し，顧客から手数料を得て顧客のライフプラン，ファイナンシャルプランを作り，顧客に適合的なポートフォリオを示すにとどまり，金融商品の販売や投資助言は行わない立場である[注2].

これらを比較すると，金融機関に属している場合や，金融機関に属さないが保険代理店や投資信託などの仲介業をしていて金融機関から手数料を得ている場合は，どれほど顧客本位の業務運営を行っていても，顧客との間に客観的な利益相

13.2 どこにアクセスし誰に相談するか 159

反関係があり，顧客本位でない可能性があるので，手数料を開示してもらう必要がある．これに対して顧客から相談料やプラン作成料などフィーのみで仕事をしている FP は，基本的に顧客の立場に立っているので安心である．この立場は，弁護士や税理士など顧客からの顧問料で仕事をしている専門家と同じである．

こうした金融機関から手数料を貰わないファイナンシャル・プランナーを軸にし，関連する個別分野の問題については，弁護士や税理士・不動産や資産運用の専門家に相談することが適切である．

13.2.3 新しく参入してきた金融関連会社による相談

近年のデジタライゼーションにより，金融分野でも銀行や証券会社，保険会社といった従来の金融機関以外に情報産業などからの新たな金融関連会社が登場してきている．

たとえば無料家計簿アプリ「マネーフォワード Me」では，家計簿アプリにレシート撮影で入力されるデータをもとにして，銀行の残高不足やクレジットカードの使い過ぎなどを知らせる，クレジットカードの次回引き落とし情報をまとめて管理する，予算機能で今月使えるお金をチェックする，家計や資産状況を分析するなどをハイテクによって自動的に知らせるようになっている．

資産運用を AI がアドバイスするロボアドバイザー「THEO」の子会社「400F」では，FP とオンライン上での無料チャットができる「お金の健康診断」を行っており，オフラインでの相談もできるようになっている．

KDDI では全国の直営店や au フィナンシャルサポートセンター（コールセンター）で，FP に無料で生活設計や，家計相談ができるようにしている．

これらは，ハイテク＋ハイタッチ（FP 相談）＝ハイブリッドの事例であり，アメリカで家計簿アプリやロボアドバイザーなどを利用しながら，リアルなアドバイザーである FP が，利用者のライフプランニングや家計管理，資産運用のアドバイスをしてくれるスタイルがあるが，これが日本でも広がっていく可能性があることを示しているといえる．

そして，こうした場合でも，相談する FP が顧客の立場に立っているかどうかをチェックする必要がある．

13.3 シニア世代とソーシャル・グッドなプロジェクトの相談問題

13.3.1 シニア世代の相談問題

最後に，急速に増大するシニア世代に関する相談問題について，重要性が増しているので，詳細にみておきたい．ここでシニア世代とは，60歳以降の人々を指す．日本老年学会・日本老年医学会の高齢者定義に従って，このシニア世代を60歳から74歳までを准高齢者（高齢者ではない），75歳から89歳までを高齢者，90歳以降を超高齢者と区分する[注3]．

高齢社会においてシニア世代が良い暮らし（well-being）をしていくために，金融ケイパビリティは欠かせない．たとえば近年では，高齢になって住宅を住み替える場合，現在の住宅について賃貸や売却，リバースモーゲージなどの選択肢があるが，これについては一定の金融知識と金融に関する判断力があり，また必要に応じて専門家の助言がなければ判断しがたい．また相続税の基礎控除引下げのなかで，将来の相続について相続税や贈与税の知識が欠かせなくなっている．しかし我が国ではずっと，学校教育に金融教育が取り入れられず，年金・保険・相続・資産運用・不動産・資産管理などについて系統的な金融教育を受けてこられなかったのがシニア世代の現状である．これに加えて高齢社会の進展のなか，シニア世代が認知能力の低下や認知症の問題に直面し，金融トラブルの被害者も多く[注4]，またシニア世代に対する金融機関の営業も2019年に顕在化したかんぽ生命の営業問題にみられるように[注5]顧客本位でなかった面が強い．こうしたなかで，シニア世代が自ら一定の金融能力を磨くと同時に専門家に相談することができる体制の構築が求められている．

金融教育というと，主に青少年に対する学校教育段階でのものと考えられがちだが，社会人や高齢者に対する社会教育も，学校教育と並ぶ重要な分野である．特にシニア世代に関しては，65歳以上の高齢者人口は2017年10月1日現在3515万2000人で人口の27.7％に及んでおり[注6]，今後も増えていくのだから，高齢者に対する金融教育の重要性は増大しているということができよう．

シニア世代に対する金融教育を考えてみると，学校のような教育施設がなく，個人的事情や金融知識の差も大きい．一方では不動産や資産運用，相続などに対して経験が豊富で精通している人がいると同時に，多くの人々は金融リテラシー

水準が低い状況にある．この分野でこそ，適切な金融行動を行うためには，金融リテラシー概念に含まれる金融知識の教育や相談へのアクセス，それらを可能にする地域における教育する場の確保や個別事情に即した相談体制の確立といった視点が求められている．

さて，その際に以下の点を考慮する必要がある．

第1に，シニア個人の金融能力の差は大きいので，それぞれの金融ケイパビリティのレベルを判断し，その段階に即した教育・相談を行うことである．イギリスでは「成人金融ケイパビリティ・フレームワーク」[注7] があり，成人の金融ケイパビリティは年齢と関わりなく，基本レベル・発展レベル・拡張レベルの3つのレベルがあるとし，対象となる成人がどのレベルにあるかを判定してから，それに見合った適切な金融教育を行うようにしている．たとえば，アパート経営を行っていた夫が亡くなり，不動産にはまったく無知の妻が相続やアパート経営に直面した場合，系統的な金融教育を学ぶ余裕はなく，すぐに中立的なアドバイザーに相談することが求められる．

第2に，シニア世代の間でも資産格差が進行している．「家計の金融行動に関する調査2018」（金融広報中央委員会）によれば，金融資産非保有世帯は，70歳以上の2人以上世帯で28.6%，60歳代単身世帯で26.7%に及んでいる．他方では富裕層も存在するので，シニア層における金融教育の重要テーマは，一方で家計管理や社会福祉・生活保護制度の活用などであり，他方では相続贈与設計や資産管理となる．その点でシニア独自の金融リテラシーの知識内容が必要である．

第3に，シニア期には，それ以前の時期と比べてより高度な金融知識，金融スキルが必要である．金融ケイパビリティは一般に，日常の買い物や金融機関の利用といった金融リテラシー段階から金融商品のリスク判断や相続など高次の段階まで幅が広い（図13.3）．

シニア期になると，たとえば，年金収入をベースとする老後生活設計を立案実行すると同時に，子どもや孫を意識し贈与や相続を考える必要がある．また住宅や金融資産，そして住宅ローンなどを含めた資産と負債の時価評価，相続税評価や管理，医療費支出と高額療養費の請求や民間保険会社の医療保険の給付手続きや所得税の確定申告による医療費控除，また株式や債券・投資信託などによる資産運用の問題など，極めて水準の高い金融知識とスキルが求められるといえる．そうすると，当然のことながら中立的なアドバイザーのサポートが欠かせなくな

図 13.3 財産管理に関する意思決定能力
出所：三村將「認知症研究の現在と今後の動向」2017 年 3 月 14 日より一部修正．

る．

　第 4 に，心理的視点の考慮である．シニア世代の消費者被害の理由は，心理的に騙され，詐欺にあいやすい問題を含んでいる．また資産運用などで自信過剰といった心理的バイアスがあって運用に失敗することもある．そうした意味で，こうした金融に関する心理的バイアスに陥らないようにする自覚やサポートが必要になる．

　第 5 に，シニアの金融能力は，高齢になればなるほど，一般に衰えていく．『平成 28 年度高齢社会白書』（内閣府）によれば，65 歳以上の高齢者の半数近くが，自身の健康状態について「ここ数日の病気やけが等」の自覚症状を訴えており，うち半程度は，日常生活に影響があるという．つまり高齢者の 4 人に 1 人は，病気やケガなどで日常生活に何らかの支障が生じている状況にある．そうした点で，1 人ひとりの高齢者の金融能力水準を正確に把握する必要があり，また軽度認知症および認知症などに対応したアドバイスとサポートの必要性もある．三村將慶應義塾大学教授（医学博士）によれば[注8]，認知機能には健常な状態から重度の認知症までいくつかのステージングがあり，健常な方であれば本人の意思決定で済むし，逆に重度な認知症の方には本人の意思を類推して代行する成年後見人のような役割が明らかに必要である，と述べている（図 13.4）．問題は軽度認知障害から中程度の認知症といったグレーゾーンにいる方で，こうした方がお金の問題に接する際には，判断の複雑さや金額の多寡によって補助や補佐を加えることが必要になる，という．

　この点で，「民事信託」などの信託の仕組みの活用や任意後見制度や成年後見制度の活用が求められる．

　最後に，個別的には，夫に先立たれた妻の相続・不動産・保険問題や，シング

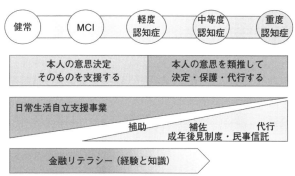

図 13.4 認知能力の低下と本人の意思決定支援

MCI（Mild Cognitive Impairment, 軽度認知障害）は，認知症の前段階．認知機能の低下がみられるが，認知症とされるほどではなく，日常生活に困難をきたす程度ではない．
出所：三村將「認知症研究の現在と今後の動向」2017 年 3 月 14 日により，一部修正[注9]．

ル・シニアの終末期サポート・尊厳死・保険金手続き・葬儀といった問題が存在する．たとえば夫死亡後，妻が認知症で保険請求しない不支給案件があるが，こうした場合は，生命保険信託で準備しておくという方法が考えられる．

13.3.2 プロジェクトや社会的事業に関する資金の相談—キュレーター—

インターネット上で資金調達するクラウドファンディングが注目されている．アメリカで 2008 年に起こったリーマン・ショック後，横暴な大手金融機関からでなく，自分たちのなかから資金集めやローンの仕組みを作ろうとする動きが起こり，特定のプロジェクトや個人に，寄付や融資，投資といった形で資金を提供するクラウドファンディングが立ち上がっていった．

近年，我が国でも同様の動きが強まっている．資金を様々なクラウドファンディングサイトのうち，最も実績があるのがレディ・フォー（readyfor[注10]）である．レディ・フォーは，「社会にいいこと」「地域」「ものづくり」「アート」「チャレンジ」というカテゴリー分けをして，様々なプロジェクトのファンディングを行っている．

最近の「社会にいいこと」の事例で素晴らしいものの 1 つに，大阪府三島救急救命センターへの寄付がある．大阪府三島地域で唯一，そして全国でも数少ない"単独型"の救命救急の現場だ．わずか 41 床の病院ながら，命の危機に直面した患者さんを救うべく，24 時間 365 日 30 余年，この地域での救急医療の最後の砦

としてその役割を全うしてきた．しかし，救急医の人手不足，診療報酬の改定，あるいは病院の財政問題など，複雑に絡み合う様々な問題が一分一秒を争う救命の現場で課題となっている．

そこで救える命を"公"平に救うため，"公"的な資金補助を受けているこのセンターが，今回あえてクラウドファンディングという手段を選択した．その結果，目標額2000万円に対して，2019年7月30日現在，1696人から3680万7000円もの資金が寄付された[注11]．

さて，全体としてみると2018年10月現在，掲載プロジェクト数9000件達成率No.1で累積支援総額が70億円となっている．成功プロジェクトの傾向を分析し，その知見を活用することで，達成率75%という最高水準を実現しており，業界平均が30%程度であるのに対して，突出した数字といえる．

その理由は，キュレーターと呼ばれるクラウドファンディングにおけるコンサルティングのプロが，専任でプロジェクト終了まで伴走する点にある．キュレーターは，レディ・フォーのサイトに公開前，公開後必ず電話（もしくは対面で）打ち合わせを実施する．またプロジェクト内容に応じたターゲット設定の提案，共感を集めるページ構成，文章を実行者と共同作成，プロジェクト内容に応じた広報戦略プランの提案，全体のスケジュール管理を通じて，円滑なプロジェクト進行をサポートしてくれる．

なお，在籍キュレーターの多くが日本ファンドレイジング協会認定の「認定・准認定ファンドレイザー」資格を取得している． 〔伊藤宏一〕

注
1) 森金融庁長官基調講演「日本の資産運用業界への期待」日本証券アナリスト協会第8回国際セミナー2017年4月7日より．
2) 「資本市場改革と中立的投資アドバイザーの役割」（伊藤宏一著『月刊　資本市場』2016.9 No.373 資本市場研究会）．
3) 「75歳まで働くライフデザイン」（伊藤宏一著『企業年金』p.4-8, 2019年7-8月号，企業年金連合会発行），日本老年学会・日本老年医学会「高齢者に関する定義検討ワーキンググループ」（2017年1月）．
4) 『平成27年度版消費生活白書』（消費者庁，2016）では，高齢者の消費生活相談で，詐欺的な手口に関する相談が増加傾向にあり，2009年度の1.4万件から2014年度は4.4万件に増加しているとし，相談する時点で，事業者にすでに支払ってしまった相談は減少傾向で2014年度は8.2%と1割に満たないものの，支払った相談1件あたりの平均金額は，400万～500万円台と高額であり，深刻であるとしている．

注 165

5）「日本郵政グループの不適切な営業の実態について，保険契約の解約にこぎ着けた宮城県の男性（81）が河北新報社の取材に応じた．軽度の認知症を患う男性の妻（75）は日本郵便の勧誘を受け，必要のない生命保険の契約を結んだ．加入済みの生命保険の一部を解約させられ，初回保険料 90 万円余りを支払っていた．」（河北新報 2019 年 7 月 3 日）.

6）『平成 30 年版高齢社会白書』（内閣府，2018 年 6 月 19 日）.

7）The Financial Services Authority and The Basic Skills Agency（2004），*ADULT FINANCIAL CAPABILITY FRAMEWORK*, UK.

8）「意思決定能力に応じた適切な資産管理」三村教授インタビュー『FP ジャーナル』2017 年 8 月号，日本 FP 協会発行.

9）この資料は，慶應大学経済研究所のなかに 2016 年秋設置されたファイナンシャル・ジェロントロジー研究センターの発足記念シンポジウム「長寿社会と金融老年学研究の展望」での三村教授の報告レジュメである．筆者も依頼されてパネリストとして参加し報告した.

10）https://readyfor.jp/proposals/intro

11）https://readyfor.jp/projects/misima

第14章 持続可能な社会を創る

　個人・家族・コミュニティの活動をエンパワメントし自身と社会を変革する新たな金融リテラシーのツールが身近になりつつある．しかし注意しなければチャンスを見逃してしまう．デジタライゼーションの進行による，クラウドファンディングなど直接投資や寄付など，持続可能な社会を創る金融リテラシーの可能性を展望する．

14.1　生活困難者のエンパワメント

14.1.1　貧困層のエンパワメント

　ミレニアム開発目標（Millennium Development Goals：MDGs）の目標1は「極度の貧困と飢餓の撲滅」であった．MDGの後継として2015年9月の国連サミットで採択された2016年から2030年までの17の持続可能な開発目標（Sustainable Development Goals：SDGs）でも，目標1は「貧困をなくそう」である．さらにSDGsでは，「No one will be left behind（誰1人取り残さない）」を掲げた．目標4の質の高い教育とあわせ，貧困層の金融包摂は持続可能な社会に向けた重要な課題となった（図14.1）．世界銀行の統計では，極度の貧困すなわち絶対的貧困ラインは1日1.25ドル（2015年10月には1.90ドル）とされている．1日2ドル以下の貧困層から持続可能な社会の金融リテラシーをとらえてみよう．

図14.1　SDGs目標1と目標4

14.1 生活困難者のエンパワメント

ジョナサン・モーダックらは，バングラデシュ，インド，南アフリカの3カ国で丸1年のあいだ，少なくとも月に2回，貧困世帯との面接を実施して平均2ドル以下で暮らす貧困世帯の金融行動を調査し，250世帯近いファイナンシャル・ダイアリー，すなわち，世帯レベルのバランスシートやキャッシュフロー計算書を作成し，実態を明らかにした（モーダック他，2011）．平均1日2ドルといっても，毎日収入があるわけではない．彼らは少額で，不定期で，しかも不確実な収入で暮らしている．だが，わずかばかりの収入をすぐに使い果たしてしまうような世帯はほとんど存在しない．家族を飢えさせないため，様々な金銭をやりくりし，お金を貸してくれる家族，隣人，貸金業者，貯蓄クラブなどから借り入れては返し，金融資産を貯え，安全に保管してもらうために信頼できる人に預け，親類に貸し付け，フォーマル（公式），セミフォーマル（準公式），インフォーマル（非公式）な関係や取引を処理し生活を維持している．貧困世帯のキャッシュフロー管理は，家族の生命に関わるいわゆる死活問題，日常生活の根本に関わる重要な行為となる．問題は「信頼性の高い」金融機関は貧困世帯を相手にせず，「信頼性の低い」相手との金融取引を余儀なくされていることである．貧困は金銭をもたないことではなく，金銭を必要とする生活の形式の中で，信用できる金銭にアプローチできないことにある．

経済学者ムハマド・ユヌスが1976年バングラデシュに創設したグラミン銀行は，貧困世帯に対する信頼性の高い金融パートナーであるマイクロファイナンスのパイオニアとして知られる．グラミン銀行は農村地域に住む，新しい事業を興そうとする5人グループに無担保で融資するマイクロクレジットとして始まった．メンバーになる条件は，土地をまったく持っていないか0.5エーカー未満の耕作地しか持っていないこと．貧しい人だけがメンバーである．バングラデシュでは財布の紐は男性が握っているのが一般的で，女性はお金の扱いに不慣れな人が多い．ほとんどすべての買い物を基本的には男性がするため，女性のなかには，まったくお金に触ったことのない人もいる．男女は別々で5人グループを作り融資を受ける．当初男女のグループは同数になると想定されていたが，1990年代になるとほぼ女性グループになった．個人として信用（クレジット）された女性，グループの結束，マイクロエンタープライズ（起業），ローンなどの仕組みでグラミン銀行は高い返済率となった．1991年に顧客数が100万人に達すると大きな注目を集め，2000年にはその数は200万人を超えた．グラミン銀行の

マイクロファイナンスの試みは，貧困世帯が「銀行の顧客となりうる」という考えを広めるのに貢献した．2006 年暮れ，グラミン銀行とその創業者ムハマド・ユヌスは，ノーベル平和賞を受賞した．

14.1.2　多重債務者のエンパワメント

多重債務とは，複数の貸金業者やクレジットカード会社，銀行などからの借金返済に追われ，返済のための借入を繰り返す状態を指す．借金の金額が増えるほど返済額も多くなり，次第に金利の高い業者から借り入れるようになり，精神的に追い詰められる場合が多い．

日本の出資法と利息制限法は，上限金利の制限を定めた法律である．まず出資法は違反に刑罰がある刑事法規で，2019 年現在，年 20％を超える金利を設定した貸金業者は，「5 年以下の懲役もしくは 1000 万円以下の罰金」が科せられる．一方，利息制限法は，利息に関する民事法であり，借入元本の幅によって利息の最高限度額が 3 段階に分けられている．元本 10 万円未満は年 20％，10 万円以上 100 万円未満は年 18％，100 万円以上は年 15％である．また，利息制限法を超える金利は，貸金業法により行政処分の対象とされる．貸金業法では，貸金業者（消費者金融など）の登録が義務づけられており，無登録営業のいわゆるヤミ金（闇金融）の罰則の強化や登録要件の厳格化が図られている．

出資法や利息制限法などの上限金利が上記のように整えられる以前は，日本では，多重債務者問題が深刻な状況にあった．金融庁が 2006 年に出した「貸金業法の改正について」の資料には，高金利の消費者金融利用者が全国で約 1400 万人，借り入れ 5 件以上のいわゆる多重債務者も約 230 万人，自己破産者約 18.4 万人，経済問題による自殺者が約 7800 人と驚くような数字が示されている．

多重債務者の多くは金銭面だけではなく，重層した生活困難に直面している．親世代からの貧困は子世代に連鎖し，負のスパイラルで自らの生活をコントロールできない状況に陥り，生活再建するには専門家のアドバイスがなければ，立ちいかなくなっていた．多重債務者がエンパワメントするには，情報と学びが強力な生活資源として作用する．学ぶことで解決策が自分のなかに具体化可能になる．多くの多重債務者は法的救済に向けて実際に行動し，過酷な督促が止んだとき「これで生きられると感じる」という．そこで取り戻される生活資源は人間関係である（花城，2010）．

14.1.3　家計簿・家計管理によるエンパワメント

　明治民法の家制度のもとでの日本の家庭生活は，家意識に隠され，家族員個人の希望や目標はみえにくい状況であった．そこに近代的な家計簿教育の仕組みを組み込み，可視化（見える化）したのは日本の女性経済学者第1号といわれる松平友子である．松平は東京帝国大学で授業を聴講し，1925年に『家事経済学　家庭生活の経済的研究』（上巻が654ページ，下巻が504ページ）を刊行した．先駆的な著作下巻において家事會計，さらには貯蓄論として，預金制度，有価証券，その他の貯蓄機関（消費組合，信用組合，頼母子講，信託倉庫，信託会社），保険制度を論じている．特に労働保険，社会保険について詳細に論じている．

　松平の家計簿記は家計簿記帳により，生活の全体をフロー（家計収支）とストック（家計財産）を組み合わせて把握し，予算を立て，決算し，さらに次なる予算作成に反映する方法である日常生活と経済社会，特に金融経済との関わりを認識するツールを示した．

　また，家庭管理として注目されるものは，1928年の井上秀による『家庭管理法』である．明治末期アメリカに留学し，アメリカのHome Managementを学んだ井上は，家庭経営の物質資源である衣食住や，金銭に関するものを，財政や企業経済など国民経済との関連で扱い，家庭生活を社会生活や国民生活の広い視野から総合的にとらえようとした．また，家庭の収入は金銭収入のみでなく，主婦の家事労働に基づく家庭生活収入や管理収入と，社会施設の便益がもたらす社会的収入があり，これらをあわせて真の収入とした点が特徴である．この流れは氏家寿子に継承され，『家庭管理と家事経済』（1938年刊行）などの著書により発展した．無償の家事労働に注目した研究は，井上秀から氏家寿子，さらに宮崎礼子や伊藤セツにつながる流れとなり，家庭経営・生活経営が発展する基盤となった．

　理論と実践をつなぐ家事経済学や家庭管理は，学校教育のなかで根づくとともに，生活の合理化，近代化に伴う生活改善運動などにも，結びついていった．家計簿記帳運動というと，羽仁もと子が1908年に発刊した雑誌『婦人の友』の愛読者団体「全国友の会」が有名である．他にも官庁家計調査のみならず，企業，労働組合，地方公共団体，生活協同組合，研究者など多様な主体が数多くの家計調査を試み，また，家計簿記帳により自己情報を収集分析し自分自身を変える生活者活動・運動ともいえる生涯学習的な動きとなった．

14.2 生活創造時代のエンパワメント

14.2.1 生活創造時代

日本の第二次世界大戦以降の経済生活を①「生活問題解決」，②「標準生活実現」，③「生活創造」の3つの時代に分けて（御船，2007，pp.61-83），日常が多様・選択社会に至った変化を説明しよう．

まず1945年からは「生活問題解決時代」である．貧困という生活の問題状況や日々の日常的・必需的な生活ニーズ，欠乏欲求を，必需的な食料，住居，被服，光熱を整え満たした時期である．

次の1967年以降「標準生活実現時代」は，日々の暮らしの心配はなくなり，教育，住宅，老後など標準的な生活課題について，生涯家計の見通しをもって実現する．生活のニーズが標準的で，社会の目標と一致する時代である．近代家族を前提に，標準的生活時代の人生目標は，サラリーマン（雇用者）世帯のマイホームを持ち，子どもによい教育を受けさせ，安定した老後を実現することが所与の目標とされてきた．性別役割分業で成り立つ近代家族では，男性は稼ぎ手として妻子を養う収入を得ることが期待され，家計管理は女性の仕事とされた．経済生活設計では，いざというときのための備えに加え，「持ち家の取得」「教育費」「老後資金」の3点セットは生活設計の貯蓄の三大柱とされてきた．

1985年以降は消費の成熟化，価値観の多様化が進行し，特に1990年以降，多様な生き方が認められ，標準的な生活モデル・家族モデルが想定できない，社会学者がポストモダンと呼ぶ社会となる．個人に選択が求められる現代社会を，社会理論家のジークムント・バウマンは「リキッド（流体的）社会」とし，ウルリッヒ・ベックは「個人化する社会」，あるいは「リスク社会」とした．

生活の目標・生活課題を自分なりに設定する「生活創造時代」が本格化した．伝統的で標準的なライフコースへの服従から解放された一方で，自分で自己組織化して人生の目標を設定し，受け身ではなく選択肢を作り意思決定・選択することを求められる．さらに，その選択の失敗が自己責任とされる傾向がある．創造的でよい結果を出すために，社会的に働きかける必要性があるとの意味での創造とされ，自分で選択肢を作り出していくことが求められる時代ともいえる．

14.2.2 個人のエンパワメント─依存・自立・相互依存─

スティーブン・コヴィーが1996年に発表した「7つの習慣」をもとに，個人のエンパワメントのプロセスを考えよう．コヴィーは，①主体性を発揮する，②目的を持って始める，③重要事項を優先する，④ win-win を考える，⑤理解してから理解される，⑥相乗効果を発揮する，⑦刃を研ぐ，を7つの習慣とした．また，人間の発達過程を，依存→自立→相互依存へと成長するプロセスととらえた．相互依存とは，「自立よりはるかに成熟した高度な概念であり，自力で結果を出す能力をもっていることはいうまでもないが，他の人と協力することによって，より優れた結果を達成することができる……内的に自分の価値を強く感じながら愛の必要性を認め，他の人に愛を与えることも，他の人から愛を受けることもできる．……自分の考えだけではなく，他の人の優れたアイディアや思考を生かすこともできる……．相互依存とは，自立した人しか選べない領域である．依存している人が相互依存に入ることはどうしてもできない．なぜなら彼らにはそれだけの人格と自制の力がないからである」（コヴィー，1996）．7つの習慣は生活の経営とも言い直すことができよう．

14.2.3 地域・コミュニティのエンパワメント

地域振興や地域再生・地域活性化をコミュニティのエンパワメントとして考えよう．

お金を国家通貨（法定通貨）と補完通貨（コミュニティ通貨）に二分すると，円やドルなど法定通貨は，国内のあらゆる商品やサービスの購入に利用でき，現地通貨と交換すれば世界中で通用する．他方，コミュニティ通貨は，自分たちで作り，自分たちが支えることで成立する価値の体系に基づいており，目的に合った利用や循環をデザインし，人と人の関係をより密接につなぐことのできる貨幣である．

国家通貨が利潤の追求や競争経済を形成するのと対照的に，コミュニティ通貨は参加している人の信頼や協働経済，ソーシャルキャピタルの形成につながる通貨である．2000〜2004年の地域通貨ブームともいわれる活性化した状況は一段落し，地域通貨を原型にして実質的には電子マネーやSNSとのつながりなど新しい動きが始まっている．今日の地域経済は，人口減少，少子高齢化，東京一極集中という「負のスパイラル」「生活の質の低下」が懸念されている．同時に，

地域産業・雇用，地方財政も「負のスパイラル」の危機に陥る危惧がある．

このような状況に対応して，地方公共団体は，地域の特性を踏まえた「地方人口ビジョン」と「地方版総合戦略」を策定し，産官学金労言（産業界・行政・大学・金融機関・労働団体）や住民代表も含めた多様な主体が参画・連携した地域経済の活性化，地方創生が求められている．地域金融機関には，地域密着型金融というビジネスモデルを用いた地域活性化が要請されている．

14.3 持続可能なリカレント（循環）型社会を目指して

14.3.1 持続可能なリカレント型社会

持続可能な社会を創るには，従来の経済学の枠を越えた経済循環を明確にする必要がある．図14.2は，①生活者を主体に，②生命の再生産や持続可能な自然を重要な要素として，③自己投資や次世代教育による新たな生活資源を取り込んだ経済循環図である．さらに，表14.1は今後想定することが求められる具体的な5つのリカレント型社会のモデルを示したものである．

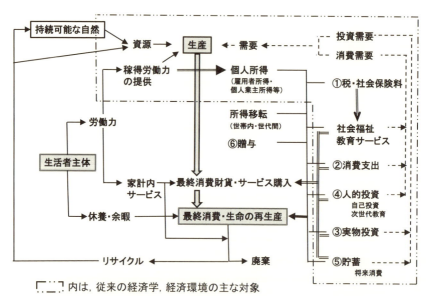

図14.2 持続可能な経済循環（御船美智子論文集，2015，p.25に加筆修正）

14.3 持続可能なリカレント（循環）型社会を目指して　　*173*

表 14.1　5つのリカレント（循環）型社会（作成天野正子）

	ライフサイクル リカレント型	食が結ぶ都市と 農業との共生型	環境循環型	福祉循環型	男女共同参画型
背景	生涯時間の延長	地域性（ローカル性）の破壊	資源の有限性	低出生率	女性の権利と参画
循環性の コンセプト	「労働―教育―家庭―社会活動」	「台所―土壌―安全な食―台所」	「自然―人間」	世代間	「ペイド―アンペイドワーク」間
規範 or 倫理	選択の自己決定	連携，安全性	環境倫理	世代間公正	パートナーシップ
価値：方向性：	経済の量的拡大を基本的価値ないし目標としない社会　経済の「成長」から「サブシステンス」を基軸とする社会へ				

科学研究費　生活文化 ESC（生活文化の世代間伝承による持続可能な消費）研究
代表上村協子　平成 24 年度報告書　89 頁　特別公開研究会 2012 年 11 月 7 日

14.3.2　自分自身と社会を変革させる金融リテラシー

　生活面であらゆるモノ・コトがデジタル情報化する「デジタライゼーション」が進展し，あらたな生産者と消費者の関係が生まれる可能性が見えてきた．

　アルビン・トフラーが著書『第三の波』で，プロシューマーという新しい消費者像を提示したのは 1980 年のことである．生産と消費が未分離で「消費のための生産」が行われた「第一の波」（農業社会）が「第二の波」（工業化社会）に移ると，生産と消費が分離して「交換のための生産」へと進む．しかし，「第三の波」（成熟した高度消費社会）という新しい時代を迎えると再び生産と消費が統合されて生命の再生産につながる「生産し消費する」プロシューマーが登場するとのトフラーの主張が現実化しつつある．

　さらに，直接金融が投資や寄付の支援する側，される側の距離を近くする．第 11 章で示された「寄付型」「購入型」「投資型」のクラウドファンディングでは，投資家は発展を期待する分野への直接支援を行い，意欲ある中小企業などが資金を得ることで地域活性化につながる可能性も見えつつある．

　消費者教育では「自らの消費生活に関する行動が将来にわたって内外の社会経済情勢及び地球環境に影響を及ぼし得ることの自覚」と「公正かつ持続可能な社会の形成に積極的に参画」が消費者市民社会のポイントとされる．

　SDGs 17 目標のどの目標に関心を持つかは多様であるが，生活者の金融リテラシーを学ぶことで，1 人ひとりが，持続可能な社会への想像力をはたらかせ，直

接金融（投資）で消費者と生産者が一体化して持続可能でダイナミックな社会を作り上げる可能性は見えている．自分自身と，そして社会を変革させる（transform oneself and society）時代の転換点にいる．

〔上村協子〕

文　献

天野正子（2012）『現代「生活者」論─つながる力を育てる社会へ─』，有志舎.

伊藤　純・斎藤悦子編著（2015）『ジェンダーで学ぶ生活経済論（第2版）』，ミネルヴァ書房.

伊藤セツ（1989）「新しい生活様式の創造と選択のために」，日本家政学会編『家庭生活の経営と管理』，pp.184-186，朝倉書店.

コヴィー，スティーブン・R著，フランクリン・コヴィー・ジャパン訳（1996）『7つの習慣』，キングベアー出版.

坪井ひろみ（2006）『グラミン銀行を知っていますか』，東洋経済新報社.

博報堂生活総合研究所（2019）『生活者の平成30年史　データでよむ価値観の変化』，日本経済新聞出版社.

花城梨枝子（2010）「多重債務者のエンパワメント」，（社）日本家政学会生活経営学部会編『暮らしをつくりかえる生活経営力』，pp.67-75，朝倉書店.

御船美智子・上村協子共編著（2001）『現代社会の生活経営』，光生館.

御船美智子論文集刊行委員会編（2015）『御船美智子論文集』，光生館.

モーダック，ジョナサン他著，大川修二訳，（2011）『最底辺のポートフォリオ─1日2ドルで暮らすということ─』，みすず書房.

さらなる学習のために

生活者による「ふるさと投資ファンド」と地方活性化支援

1. 投資型と購入型のふるさと支援ファンド

　いろいろな新しい案件を始めようとする際には，公的資金が必要であり，行政の支援が必要であるといわれることが多い．なかなか市民のお金，民間資金だけでは，新しいプロジェクトは成功しないと思われがちである．しかし一方で，「ふるさと投資ファンド」のように，生活者の資金により社会を動かそうとする方法もある．

　「ふるさと投資ファンド」は，市民のお金を集めて，「熊本の被災地への支援に充てる」「原発に頼らないためにも太陽光発電や風力発電に投資する」「シャッター通りとなった駅前の活性化の支援に，創業したい人に資金を提供する」など，様々な資金を提供している．インターネットのサイトで，様々な事業，プロジェクトを発信する．たくさんの個人から資金を集めて，設定金額まで資金が集まれば，事業に向けて走り出すという，「投資型」と呼ばれる方法である（また，後述する「購入型」と呼ばれる方法もある）．太陽光発電のためのファンドも集められ，クリーンエネルギーの発展にも役立っている．

　同様の取り組みを，カンボジア，ベトナム，ミャンマー，ペルーなどでも展開している．アジアの女性が新しいお店を開きたいが，信用不足のため銀行から借入はできない．そういった場合に，日本のたくさんの個人から少額の資金を集め，ベトナムの女性が事業を始めるための資金支援に向けたり，カンボジアの農家の生産補助資金を提供するなど，様々な資金提供が展開されている．

　このような「ふるさと投資ファンド」の成功の裏には，生活者による「自分の資金を世の中の改善のために使いたい」「アジアの発展に使いたい」「クリーンエネルギーの発展を促したい」などという要望に応えているからである．

　しかしそのなかでも，悪い業者が出てきて，個人からお金を集めて実際の事業やプロジェクトには使わず，逃げてしまうという案件も発生していた．金融庁は，こうした資金の仲介業者を，第二種金融商品取引業者として登録制をとることで，大きな証券会社（第一種金融商品取引業者）とは異なる形式で活動できる

ようにした．大手の証券会社などは，免許制という厳しい制度で規制されているが，「ふるさと投資ファンド」のような小口の業者は，登録制という仕組みにより，より簡易に金融仲介業を始めることができる．ただし，毎年，第二種取引業者の活動もチェックされ，不正がないかを金融庁は監督している．利用者も，金融庁への登録があるかどうかを確かめて，安心して個人資金を提供できる仕組みが構築されてきている．

　地方の銀行も「ふるさと投資ファンド」の手法を利用するようになっている．たとえば，創業を行おうとしている借手に対して，地方銀行は，過去の借入実績もなく，将来その事業が上手く成功するかどうかも不安であるため，不良債権になってしまうことを恐れて，なかなか融資に応じることができないことがある．しかし，創業者がとてもまじめで事業が成功する確率もある場合に，銀行融資という形ではなく，この創業者の事業を「ふるさと投資ファンド」を推進する会社を使って，個人で共感した人達から資金を集めるという方法を使い始めている．従来は，銀行借入ができず，せっかく，新事業を始めたいと思っていた創業希望者は，自分の夢を叶えることができなかった．しかし，「ふるさと投資ファンド」により，多くの個人から集められた資金で創業を行い，事業が展開できるようになっている．太陽光発電や風力発電事業にも，われわれ個人が投資できる．原発に頼らず，クリーンエネルギーの供給のために，自分の資金を回したいと思っている人も多い．古くなった地方の旅館の支援のファンドでは，海外からの旅行客を呼び込むことができ，古風な日本式の旅館の再生につながった案件もある．

　もちろん，成功する案件ばかりでなく，失敗に終わってしまう投資案件もある．それぞれの個人から集める資金は少額であり，何百人もの個人から集めているため，失敗に終わることも覚悟で資金を提供している人も多い．そのために，失敗を防ぐための方策も講じられている．アジアでは，四半期に１回程度，借入をした人達と面会し，事業が上手いかず売り上げが伸びない場合には，コンサルタントとして事業の改善を提案する．集めた資金が少しでも有効に使われ，事業が成功するように，単にお金を貸すだけではなく，借入をした事業者と一体となって事業を展開しようとする方法である．

　もう一つの形式は，「購入型」の「ふるさと支援ファンド」である．インターネットを通じて，漁師の人達がとった海産物を販売する．農家の無農薬野菜の販売，あたらしく生産されたワインや日本酒の販売など，様々な商品を購入するこ

とができる．投資型とは異なり，購入型では，必ず，注文した商品が手元に配達されるために，損失は発生しない．しかし，注文した商品の味が悪かったり，質に問題があれば，一度は購入しても，何回も同じ商品を買う人はいなくなってしまう．逆に，よい商品であれば，購入者も増え，生産も増大し，収益も上がっていく．これがしばらく続けば，銀行から借入を受けられるようになり，事業のさらなる展開へとつながる．

　従来であれば銀行借入ができずに，規模の拡大もできなかった農家や事業者が，「ふるさと支援ファンド」のお陰で事業を始めることができ，販売が上手く進めば，銀行借入へと展開できるようになってきている．

2. インターネットを通じた事業展開と地方活性化

　スマートフォンやインターネットの発達は，世界と日本の距離を縮めている．日本の経済の安定的な発展のためには，IT の活用をさらに考えていく必要がある．

　日本の抱える大きな問題の一つは，人口の高齢化である．高齢化が進むと，金融政策や財政政策の効果は低減する．金融政策は，金利を低下させ，マネーストックを増加させる政策である．金利の低下は，企業の投資活動を活発化させ，企業の売り上げ増加，収益の増加をもたらす．企業の業績の改善により，雇用されている人達の給与やボーナスが増加する．働いている人達の所得の増加は，消費拡大にもつながり，乗数効果を通じて，景気回復へと向かっていく．しかし，退職者は，社会保障や年金に依存しており，企業の業績改善には影響されない生活体系となっている．退職者の人口が増えれば，金融政策によって影響を受けない層が増えることになる．

　日本が直面しているのは，高齢化により，金融政策の恩恵を受けない人口が増えているために，金融政策を発動しても効きにくくなっているため，景気回復が思うように進んでいないという現状である．若い人は，退職者と比べれば消費性向も高く，ボーナスが増えれば，消費拡大を行う生活層である．しかし，退職者は，そのような恩恵を受けない層である．その人口が増えているから金融政策は効果が薄れている．

　地方では，高齢者が増え，社会保障や年金に依存し，生産が増えない地域が疲弊している．こうした地域でも，外国人旅行者を地方に呼び込み，若者の地方で

の仕事を創出し，経済活動を活発化させることは必要である．「ふるさと投資ファンド」「ふるさと支援ファンド」は，地域の抱える問題を解決できる方策の一つでもあると考える．

インターネットの発達は，日本の地方の産物を，海外で販売する販路拡大につなげることができる．中国からの観光客などのなかには，日本の産物を購入し，帰国後も，日本の製品を購入したいと思う消費者が増えているという．インターネットで中国語やその他の外国語でサイトを設け，様々な地域の産物を海外で販売することを，日本の整備された流通システムは可能としている．

また，古い古民家を利用した民宿なども，地方では可能であり，外国人旅行客に魅了ある宿泊施設を提供できる．お年寄りが，手作りの日本食を外国人に提供し，日本のよさを味わってもらえる．インターネットをみて，日本の地方各地を訪問する外国人旅行客も増えている．IT技術を日本の伝統と結び付けることにより，これまでは，観光名所しか訪れなかった外国人観光客を呼び込み，地方でのビジネスを拡大させることを考える必要がある．

情報通信技術を活用し，日本の伝統と海外を結びつける下地はできている．このさらなる発展を目指すことが，さまざまな問題解決にもつながると期待される．

吉 野 直 行

索　引

欧　文

AFP　157
CFP®　157
ESG 要因　132
FP　157
MBS　97
NISA　146
RMBS　97
SIB　133
SRI　132

あ　行

アセットアロケーション　147
安全性　145

遺産　18,85
一般的支払交換の手段　11
医療費　110
医療保険　109
インカムゲイン　16,140,144
インフレリスク　145

エンパワメント　1

王朝モデル　18,86

か　行

外貨預金　138
介護保険制度　112
解約　108
格差　79
学生納付特例制度　40
家計管理　43
家計簿　45,169
火災保険　120
可処分所得　27
価値貯蔵の手段　12
価値の尺度　11
価値変動リスク　145
カード　43

株式　15,140
貨幣　11
貨幣経済　12
借入目的　29
為替変動リスク　145
間接金融　15,16
間接証券　16

機関投資家　148
企業確定拠出型年金　135
寄付　42
規模の経済　19
逆選択　14,117
キャッシュレス　13,44
キャピタルクロス　16,140
キャピタルゲイン　16,140,144
給与　36
キュレーター　164
教育資金　66,71,73
共済　114
共助　32
協同組合保険　114
協同組織金融機関　89
業務分野規制　21
銀行　89
金融　11,12
金融機関　20
金融教育　3
金融経済　12
金融ケイパビリティ　62,74,
　　150
金融資産　14,137
金融仲介活動　15
金融仲介機関　15
金融的投資　127
金融取引　14
金融負債　14
金融リテラシー　1,8

クラウドファンディング　131,
　　163

クレジットカード　43

経済の構造　31
ケイパビリティ　7
現金　13
源泉徴収　37

高額療養費制度　110
公助　32
公的年金制度　134
行動経済学　6
高齢者　68,155,160
告知制度　116
国民年金　111
個人型確定拠出年金　135
個人年金　134
固定金利　14,95
子ども　66
雇用保険　112

さ　行

債権　14,15
債券　139
最終的貸手　15
最終的借手　15
債務　14

仕組預金　138
事故情報　93
自己投資　40
資産形成　127
資産担保証券　97
資産変換活動　16
支出　36
自助　32
地震再保険制度　121
地震保険　121
実支出　36
実収入　35
実損填補　110
実物的投資　127

索　引

私的年金　134
自動車賠償責任保険　119,120
自動車保険　118
ジニ係数　83
自賠責保険　119,120
死亡保障　105,106
社会的責任投資　132
社会保険　39,103
社会保障　103,109
収益性　144
終身保険　105,107
住宅資金　63,71,73
住宅ローン　17,66,93,122
住宅ローン担保証券　97
収入　35
出資法　168
生涯支出　25
生涯賃金　25
少額投資非課税制度　146
証券化　97
証券市場, 証券会社　15
消費　98
消費支出　40
信託銀行　16
人的資源　31
信用情報機関　93
信用保証会社　91
信用リスク　14,145

生活資源 (マネジメント)　31,
　53
生活設計　29,47,62
生活設計表　70
生活リスク (マネジメント)
　54
税金　39
生存保障　108
生命保険　17,105
専業の経済　19
専門的金融機関制度　20

相続　84
相談　156
総量規制　90
ソーシャルインパクト・ボンド
　133
損害保険　17,117

た　行

代位弁済　91
退職金　37
多重債務　168
団体信用生命保険　122

長寿リスク　111
貯金　138
直接金融　15
貯蓄　77,127
貯蓄目的　29
賃金　37

定額購入法　149
定額填補　110
定期性預貯金　138
定期保険　105,106
定年制度　68
定量購入法　149
デジタル通貨　13
デビットカード　44
電子マネー　44

投機　127
投資　100,127
投資信託　17,141
投資リスク　148

な　行

年金　39
年金保険　108
年功賃金　37

ノンバンク　20,93
ノンフリート等級制度　118

は　行

賠償責任保険　122
派生預金　16

非消費支出　39
非人的資源　31
被保険者　116
表面利率　129
貧困層　166

ファイナンシャルプランナー
　157
フラット35　95,96
プリペイドカード　43
分散投資　149

平均消費性向　41
変動金利　14,95

保険　103
保険会社　16
保険契約　116
本源の証券　15
本源的預金　16

ま　行

民間保険　110

モーゲージバンク　89
持ち家　63

や　行

有価証券　15

養老保険　105,107
預金　89,138
預金取扱金融機関　16
欲望の二重の一致　11
余剰資金　129

ら　行

ライフイベント　30
ライフサイクル仮説　18,28
ライフデザイン　52

リスク　14,103,114,123,145,
　148
利息制限法　168
流動性　17,143
流動性預貯金　138
流動性リスク　14,145

老後資金　68,72,73
労災保険　113
労働保険　112

監修者略歴

よし の なお ゆき
吉野直行

1979 年　米国ジョンズ・ホプキンス大学大学院博士課程修了
　　　　／経済学博士（Ph.D. in Economics）
現　在　アジア開発銀行研究所所長
　　　　慶應義塾大学名誉教授
　　　　日本 FP 学会会長
　　　　金融庁金融研究センター顧問
　　　　放送大学客員教授

編集者略歴

うえ むら きょう こ
上村協子

1980 年　お茶の水女子大学
　　　　大学院家政学研究
　　　　科修士課程修了
現　在　東京家政学院大学
　　　　現代生活学部教授
　　　　生活経済学会会長
　　　　金融中央広報委員
　　　　会委員

ふじ の つぐ お
藤野次雄

1977 年　東京大学大学院経
　　　　済学研究科博士課
　　　　程単位取得退学
現　在　横浜市代表監査委
　　　　員
　　　　横浜市立大学名誉
　　　　教授

しげ かわ じゅん こ
重川純子

1989 年　お茶の水女子大学
　　　　大学院家政学研究
　　　　科修士課程修了
現　在　埼玉大学教育学部
　　　　教授
　　　　放送大学客員教授

生活者の金融リテラシー
―ライフプランとマネーマネジメント―　　　定価はカバーに表示

2019 年 11 月 5 日　初版第 1 刷
2020 年 11 月 25 日　　第 3 刷

監修者	吉	野	直	行
編集者	上	村	協	子
	藤	野	次	雄
	重	川	純	子
発行者	朝	倉	誠	造

発行所　株式会社　朝 倉 書 店
東京都新宿区新小川町 6 - 29
郵 便 番 号　　１６２-８７０７
電　話　03（3260）0141
ＦＡＸ　03（3260）0180
http://www.asakura.co.jp

〈検印省略〉

Ⓒ 2019 〈無断複写・転載を禁ず〉　　　　　　　　新日本印刷・渡辺製本

ISBN 978-4-254-50031-8　C 3033　　　　　Printed in Japan

JCOPY　<出版者著作権管理機構 委託出版物>

本書の無断複写は著作権法上での例外を除き禁じられています．複写される場合は，
そのつど事前に，出版者著作権管理機構（電話 03-5244-5088，FAX 03-5244-5089，
e-mail: info@jcopy.or.jp）の許諾を得てください．

日本家政学会生活経営学部会編

暮らしをつくりかえる 生活経営力

60020-9 C3077　　　　　A5判 184頁 本体2800円

「生活経営」によっていかに社会問題を解決できるかを, 事例を通しつつ今後のあり方を提言。〔目次〕生活枠組みの変容と新たな生活経営主体の形成／生活の社会化の進展と生活資源のコントロール／参加と協働で創る生活経営の組織／他

早大 中島健一編著

経営工学のエッセンス
—問題解決へのアプローチ—

27020-4 C3050　　　　　A5判 164頁 本体2300円

経営工学を学ぶ学生・実務者に向けた平易なテキスト。学んだ内容が実際にどういった場面で応用されているのかを解説。また, 電卓やExcelを用いて分析を行えるよう, 本文で手法を説明。復習のための演習問題を巻末に収録。

前広大 前川功一編著　広経大 得津康義・
別府大 河合研一著

経済・経営系のための よくわかる統計学

12197-1 C3041　　　　　A5判 176頁 本体2400円

経済系向けに書かれた統計学の入門書。数式だけでは納得しにくい統計理論を模擬実験による具体例でわかりやすく解説。〔内容〕データの整理／確率／正規分布／推定と検定／相関係数と回帰係数／時系列分析／確率・統計の応用

日大 清水千弘著

市場分析のための 統計学入門

12215-2 C3041　　　　　A5判 160頁 本体2500円

住宅価格や物価指数の例を用いて, 経済と市場を読み解くための統計学の基礎をやさしく学ぶ。〔内容〕統計分析とデータ／経済市場の変動を捉える／経済指標のばらつきを知る／相関関係を測定する／因果関係を測定する／回帰分析の実際／他

慶大 中妻照雄著

実践Pythonライブラリー

Pythonによる ファイナンス入門

12894-9 C3341　　　　　A5判 176頁 本体2800円

初学者向けにファイナンスの基本事項を確実に押さえた上で, Pythonによる実装をプログラミングの基礎から丁寧に解説。〔内容〕金利・現在価値・内部収益率・債権分析／ポートフォリオ選択／資産運用における最適化問題／オプション価格

前筑波大 海保博之監修　慶大 坂上貴之編

朝倉実践心理学講座 1

意思決定と経済の心理学

52681-3 C3311　　　　　A5判 224頁 本体3600円

心理学と経済学との共同領域である行動経済学と行動的意思決定理論を基盤とした研究を紹介, 価値や不確実性について考察。〔内容〕第Ⅰ部「価値を測る」／第Ⅱ部「不確実性を測る」／第Ⅲ部「不確実性な状況での意思決定を考える」

前東大 松原 望著

シリーズ〈意思決定の科学〉1

意 思 決 定 の 基 礎

29511-5 C3350　　　　　A5判 240頁 本体3600円

価値の多様化の中で私達はあらゆる場で意思決定を迫られている。豊富な例題を基にその基礎を解説。〔内容〕確率／ベイズ意思決定／ベイズ統計学入門／リスクと不確実性／ゲーム理論の基礎・発展／情報量とエントロピー／集団的決定／他

堀田祐三子・近藤民代・阪東美智子編

これからの住まいとまち
—住む力をいかす地域生活空間の創造—

26643-6 C3052　　　　　A5判 184頁 本体3200円

住宅計画・地域計画を, 「住む」という意識に基づいた維持管理を実践する「住む力」という観点から捉えなおす。人の繋がり, 地域の力の再生, どこに住むか, などのテーマを, 震災復興や再開発などさまざまな事例を用いて解説。

東洋大学国際共生社会研究センター編

国 際 開 発 と 環 境
—アジアの内発的発展のために—

18039-8 C3040　　　　　A5判 168頁 本体2700円

アジアの発展と共生を目指して具体的コラムも豊富に交えて提言する。〔内容〕国際開発と環境／社会学から見た内発的発展／経済学から見た〜／環境工学から見た〜／行政学から見た〜／地域開発学から見た〜／観光学から見た〜／各種コラム

東洋大学国際共生社会研究センター監修

国 際 貢 献 と SDGs の 実 現
—持続可能な開発のフィールド—

18055-8 C3040　　　　　A5判 184頁 本体2800円

SDGsをふまえた国際貢献・国際開発を, 実際のフィールドでの取り組みから解説する。〔内容〕SDGs実現への課題と枠組／脱貧困／高等教育／ICT／人材育成／社会保障／障害者支援／コミュニティ／水道／クリーンエネルギー／都市化

上記価格（税別）は 2020 年10月現在